1921—1949 冯至的人文世界

The Humanism World of Feng Zhi
Between 1921 and 1949

张爱华 著

中国书籍出版社
China Book Press

图书在版编目（CIP）数据

1921—1949冯至的人文世界 / 张爱华著. -- 北京：中国书籍出版社，2019.11

ISBN 978-7-5068-7534-9

Ⅰ.①1… Ⅱ.①张… Ⅲ.①冯至（1905-1993）-人物研究 Ⅳ.①K825.6

中国版本图书馆CIP数据核字(2019)第254303号

1921—1949冯至的人文世界

张爱华　著

丛书策划	武　斌
图书策划	成晓春
责任编辑	张　娟　成晓春
责任印制	孙马飞　马　芝
封面设计	东方美迪
出版发行	中国书籍出版社
地　　址	北京市丰台区三路居路97号（邮编：100073）
电　　话	（010）52257143（总编室）　　（010）52257140（发行部）
电子邮箱	eo@chinabp.com.cn
经　　销	全国新华书店
印　　厂	北京睿和名扬印刷有限公司
开　　本	787毫米×1092毫米　1/16
字　　数	200千字
印　　张	15
版　　次	2020年6月第1版　2020年6月第1次印刷
书　　号	ISBN 978-7-5068-7534-9
定　　价	58.00元

版权所有　翻印必究

引　言

冯至是我国现当代学贯中西的诗人、学者、翻译家。冯至诗歌的研究从20世纪20年代就已经开始，成果较丰。鲁迅曾经在《中国新文学大系·小说二集·导言》中称："连后来是中国最为杰出的抒情诗人冯至，也曾发表他幽婉的名篇。"朱自清在《中国新文学大系·诗话》中称："冯至的叙事诗堪称独步。"当代学者陆耀东认为冯至的诗"和其他杰出诗人的名篇一起，代表着20年代我国新诗所达到的最高水平"。这些评价均高度肯定了冯至的诗坛地位。

从20世纪40年代开始，冯至就一直受到评论界的关注，研究角度主要侧重于冯至的思想来源以及艺术特色、民族化尝试等。这个时段，李广田发表了《沉思的诗——论冯至的〈十四行集〉》[1]，对歌德、里尔克等西方诗人对冯至的影响以及冯至对他们的借鉴作出了令后人难以超越的评价。

新时期的学者对冯至的评价文章基本沿袭着李广田、朱

---

[1]　李广田. 沉思的诗——论冯至的《十四行集》[M] // 李广田文学评论选. 昆明：云南人民出版社，1983.

自清的思路，如陆耀东《论冯至的诗》①、周棉的《论冯至的〈十四行集〉》②、张宽的《试论冯至诗作的外来影响和民族传统》③、朱金顺的《冯至的〈十四行集〉》④、方敬的《沉思的诗——论冯至的〈十四行集〉》⑤。这些对冯至的研究成果代表着20世纪80年代冯至研究的最高水平。

20世纪90年代，研究冯至的学者将视角开始放在中西文化背景中，从影响研究的角度来深层次探讨冯至诗歌创作与德国文学的关系以及在西方影响之下冯至形成的艺术个性。解志熙的《生命的沉思与存在的决断——论冯至的创作与存在主义的关系》⑥和《风中芦苇在思索——冯至三首十四行诗解读》⑦是这方面的代表性文章之一；蓝棣之的《论冯至诗的生命体验》⑧中，认为冯至是从生命体验角度进行创作；袁可嘉在《一部动人的四重奏——冯至诗风流变的轨迹》⑨

---

① 陆耀东. 论冯至的诗 [J]. 中国现代文学丛刊，1982（2）.
② 周棉. 论冯至的《十四行集》[J]. 河北师大学报，1983（2）.
③ 张宽. 试论冯至诗作的外来影响和民族传统 [J]. 文学评论，1984（4）.
④ 朱金顺. 冯至的《十四行集》[J]. 中国现代文学丛刊，1985（2）.
⑤ 方敬. 沉思的诗——论冯至的《十四行集》[J]. 抗日文艺研究，1986（3）.
⑥ 解志熙. 生命的沉思与存在的决断——论冯至的创作与存在主义的关系 [J]. 文学评论，1990（3-4）.
⑦ 解志熙. 风中芦苇在思索——冯至三首十四行诗解读. 现代文学研究丛刊 [J]，1992（3）.
⑧ 蓝棣之. 论冯至诗的生命体验 [J]. 贵州社会科学，1992（8）.
⑨ 袁可嘉. 一部动人的四重奏——冯至诗风流变的轨迹 [J]. 文学评论，1994（4）.

中对冯至晚期创作给予了一定的肯定。这一时期的有些研究者还通过将冯至与同时期的诗人进行比较，以此来突出冯至诗歌的重要历史价值和历史地位。

进入 21 世纪后，冯至研究呈现繁荣局面，蒋勤国《冯至评传》（人民出版社，2000 年版）、陆耀东《冯至传》（北京十月文艺出版社，2003 年版）、冯姚平编的《冯至和他的世界》（河北教育出版社，2003 年版）及张辉的《冯至：未完成的自我》（文津出版社，2005 年版）相继出版。有些学者开始从多角度对冯至研究进行有意义的尝试，如吴武洲的《〈北游〉：放逐者的诉求与追索——兼论冯至的转型倾向》[①]认为《北游》表达了冯至对时代精神状况的不满，甚至认为其与艾略特的《荒原》有内涵上的相似；吴武洲的《山水映照下的存在之思——论冯至散文集〈山水〉的哲学意蕴》[②]通过对冯至散文集的探究，阐述了其特异的哲学观和自然观；殷丽玉《论冯至四十年代对歌德思想的接受与转变》[③]在整理冯至对歌德思想的认同和接受的同时，表述特定的历史和时代生活对个人创作空间的影响，展现了个人在进行自我选

---

① 吴武洲. 《北游》：放逐者的诉求与追索——兼论冯至的转型倾向 [J]. 齐齐哈尔大学学报（哲学社会科学版），2001（11）.

② 吴武洲. 山水映照下的存在之思——论冯至散文集《山水》的哲学意蕴 [J]. 北京理工大学学报（社会科学版），2002（2）.

③ 殷丽玉. 论冯至四十年代对歌德思想的接受与转变 [J]. 文学评论，2002（4）.

择时的意义;陆耀东《关于冯至研究的对话》[1],对冯至其人其作做了比较深入阐述,这既是陆耀东撰写《冯至传》过程中的心得,也是他二十年研究冯至的体会;叶隽的《冯至"学院写作"的核心内容及其德国思想背景》[2]对在西南联合大学这一时期,冯至"学院写作"的形成与实践及和德国思想的联系进行了深入考证;杨志的《从德国浪漫派到存在主义——论冯至对德语文化的接受与消解》[3]借助对冯至所创作文本的探讨,认为德语文化是全方位对冯至思想产生影响,阐述了冯至对德语文化中一些影响的理性接受;吴剑的《论冯至〈十四行集〉对里尔克诗学的证悟与偏移》[4]认为冯至对里尔克诗学中直面恐惧、"转化"死亡的思想,采取了回避和淡化的处理方式,冯至偏移了里尔克的后期诗学观念;王攸欣的《潜隐与超越——冯至〈十四行集〉之传统根脉发微》[5]认为冯至《十四行集》不仅受西方生存哲学特别是存在主义哲学的影响,也潜隐着中国传统生命哲学的某些因素。对于冯至在新中国成立后的创作生活,研究者也有提及,

---

[1] 陆耀东. 关于冯至研究的对话 [J]. 诗探索,2003(3-4).
[2] 叶隽. 冯至"学院写作"的核心内容及其德国思想背景 [J]. 中国比较文学,2004(4)(总第57期).
[3] 杨志. 从德国浪漫派到存在主义——论冯至对德语文化的接受与消解 [J]. 中国现代文学研究丛刊,2007(5).
[4] 吴剑. 论冯至《十四行集》对里尔克诗学的证悟与偏移 [J]. 湖北社会科学,2009(2).
[5] 王攸欣. 潜隐与超越——冯至《十四行集》之传统根脉发微 [J]. 文学评论,2009(2).

胡辉杰《论20世纪50年代中国现代主义诗人的身份焦虑——以卞之琳、冯至、穆旦为例》[1]分析了冯至等现代主义诗人进入50年代后所面临的身份困境。

在冯至研究中，虽然取得了一些成就，但学术界缺乏对冯至其人其作进行贯通研究的视野和尝试。当然，研究方法的拓展也是一个值得探究的课题。在研究中国传统文化对冯至诗歌的影响方面，深度还不够。如果将冯至与同时期的作家进行比较，挖掘冯至与现代流派特别是与京派的关系等等，都可以为我们提供更多的研究思路。

冯至是一个非常善于吸收新思想的人，与京派代表人物比较，德语文化对青年冯至潜移默化的熏陶与影响，使其接触社会呈现多元性，在多元思想的熏染下，他逐步有了自己的价值取向。作为一个有成就的诗人，冯至吸收了外来因素，但在背后支撑冯至的还有深厚坚实的中华民族文化传统，这也是其诗获得价值的重要原因。许多研究学者把目光投向中国传统文化对青年冯至的影响，在分析冯至思想形成及在新中国成立前后作出重大人生抉择，走向革命的大阵营时，我们忽视了与他同时代的许多个性人物对他的影响。这些人应该包括胡适、蔡元培、鲁迅以及杨晦（1899—1983，原名杨兴栋，辽宁辽阳人。北京大学中文系教授、系主任。早年毕业于北京大学哲学系，1919年积极参加五四运动，为火烧赵

---

[1] 胡辉杰.论20世纪50年代中国现代主义诗人的身份焦虑——以卞之琳、冯至、穆旦为例[J].社会科学家，2004（3）.

家楼领导者之一）等人。比如，鲁迅与冯至是师生关系，因此改造国民性、启蒙国民、对人生和自我进行剖析等一系列思想早就深深植入冯至思想之中。冯至是鲁迅的忠实追随者，冯至在诗歌中这样赞颂鲁迅：

> 在许多年前的一个黄昏
> 你为几个青年感到"一觉"；
> 你不知经验过多少幻灭，
> 但是那"一觉"却永不消沉。
>
> 我永远怀着感谢的深情
> 望着你，为了我们的时代；
> 它被些愚蠢的人们毁坏，
> 可是它的维护人却一生
>
> 被摒弃在这个世界以外——
> 你有几回望出一线光明，
> 转过头来又有乌云遮盖。
>
> 你走完了你艰苦的行程，
> 艰苦中只有路旁的小草

曾经引出你希望的微笑。①

四十年代民族危亡之际，面对抗日志士，冯至曾经说："我们不但思念他们，而且还迫切地需要他们……我们是宗教性最为薄弱的民族，'神'这个名词在我们的精神上很少起什么作用。现在，让这些死者作为我们面前的神吧。若是没有他们的死，他们的牺牲，我们不会有今日。至少，我们应该对着这些死者，自己内心里激发起一种感恩的情绪。"②这是一种对不朽精神和思想的认可，是有着鲁迅影子的冯至式的启蒙观，我们现在可以认为，冯至所感谢的，是他借鉴鲁迅的独特思想品质，是已经植根于骨的启蒙观。在鲁迅这种影响下，面对抗日先驱，冯至发出这样的呐喊很正常，如果我们再来审视他对民族意识的不懈探索，也就不觉得奇怪了。也正是基于这点，和其他现代文学作家比较起来，冯至能够较快地走进新中国的阵营。

---

① 冯至. 冯至全集第一卷[M]. 石家庄：河北教育出版社，1999：226.

② 冯至. 冯至全集第四卷[M]. 石家庄：河北教育出版社，1999：71.

目录

引　言 1

第一编　冯至与京派

第一章　文化价值观的同一性 4
第一节　对中国传统文化的发扬 5
第二节　超然的社会功利的追求 13

第二章　文学体式和写作模式的不同 24
第一节　外来文学体式的借鉴 24
第二节　新中国成立之初写作模式的变化 37

第三章　艺术表达内容的差别 43
第一节　对生命的思考 43
第二节　对中西自然观的体现 52

第二编　冯至的哲学世界

第四章　从北大到哈尔滨（1921—1930）：人文浸染 63
第一节　不可忽视的节点：遇见北大与蔡元培 66
第二节　若隐若现的引导：德语文学的影响 75

第五章　从中国到德国（1930—1935）：哲学思考 83
  第一节　五彩缤纷的欧洲哲学 96
  第二节　众里寻她的人生态度 111

第六章　从《伍子胥》到《十四行集》：文学实践 127
  第一节　《伍子胥》里的狂欢 131
  第二节　《十四行集》里的突破 151

第三编　冯至的理想人格

第七章　西南联大时期：民族意识的呈现 169
  第一节　鲁迅等对其民族意识形成的影响 171
  第二节　冯至与《文聚》等进步刊物 180

第八章　从昆明到北平（1946—1949）：思想决断 188
  第一节　走在时代前列的冯至 190
  第二节　作为优秀学者的冯至 204

结　语 213
参考文献 216
后　记 225

第一编
冯至与京派

这里说的京派，不是一种单纯地域性的概念，它是指新文学中心南移到上海以后，20世纪30年代继续活动于北平的作家群所形成的一个特定的文学流派，是指现代评论社滞留在北京的部分成员，比如周作人、俞平伯、废名（冯文炳）、杨振声、凌叔华、沈从文，以及一批后起之秀，如林徽因、萧乾、芦焚（师陀）、何其芳、李广田、卞之琳以及理论批评家朱光潜、梁宗岱、李健吾（刘西渭）。[①]其中，周作人和朱光潜共同构成了京派文学思维与精神世界的灵魂人物。[②]作为当事人之一的朱光潜在一篇介绍沈从文文艺风格的文章中这样回忆："他编《大公报·文艺》，我编商务印书馆的《文学杂志》，把北京的一些文人纠集在一起，占据了两个文艺阵地，因此博得了所谓'京派文人'的称呼。"[③]冯至对京派也有自己的认识，1986年，他在《新文学史料》第1期中发表《昆明往事》回忆抗战时期的西南联大时提及："在这以前，学术界有所谓京派海派之分。这个区分本来就不科学，很难给两派下个明确的定义。若要勉强作个说明，海派姑且

---

① 杨义. 京派海派综论（图志本）[M]. 北京：中国社会科学出版社，2003：27.
② 同上，第4页.
③ 朱光潜. 从沈从文的人格看沈从文的文艺风格[J]. 花城，1980（5）.

不谈，京派则一般认为，做学问比较扎实，思想倾向保守，有浓厚的士大夫气。"① 京派的形成是时代要求，同时也是文学风尚和作家美学追求的结晶，京派作家作品大体都与社会现实保持一定的距离，有自己的文学风尚和美学理想，追求一种冲淡、恬静、含蓄、超脱的风格。

冯至因其诗歌、小说创作以及创办《骆驼草》等成就成为京派重要一员，但对于其文学活动与京派的关系，研究界尚存一些不同看法或模糊之处。

一种观点以温儒敏在中国现代京派文学研究六十年国际学术研讨会上的讲话等为代表，认为"不应该把京派的范围扩大了。例如当下学界把冯至等西南联大诗人放到京派研究中，就值得思考"②。

另一种观点则以吴福辉为代表，他早于1990年，就在《京派小说选》中认为："京派形成了比较稳定的队伍，即便持一种狭义的观点，以《大公报文艺副刊》、《文学杂志》周围聚集起来的作家为主来加以认定，也便有诗人冯至等人。"

冯至与京派代表人物周作人、废名、沈从文、朱光潜、梁宗岱稔熟，本著作中所论述的京派，也仅以周作人、废名、沈从文、朱光潜、梁宗岱为代表。

---

① 冯至. 冯至全集第四卷[M]. 石家庄：河北教育出版社，1999：365.
② 龚敏律. 中国现代京派文学研究六十年国际学术研讨会综述[J]. 文学评论，2010（2）：215.

第一章　文化价值观的同一性

20世纪二三十年代，知识分子所面对的突出的时代表征应该是精神困惑。美国学者杰罗姆·B.格里德尔（现为美国布朗大学教授，系著名汉学家费正清先生的弟子）在《知识分子与现代中国》中认为："变革是近代中国的重大主题。变革不仅是变化，而且是一场巨大的、无法估量的历史转换，它冲垮了一切反对者的抵御，超出并越过了企图给它以限制和定向的道路，涤荡了面对的制度和个人。生活在19世纪后半叶和20世纪前半叶的中国人，凭本能就可以理解托克维尔（法国历史学家、社会学家）对古代政体的悼亡之意：中国知识分子不论是濒临灭亡的传统的捍卫者，还是批判者，都比任何人更具有一种毁灭性的精神困惑。"[①] 在西学东渐的过程中，西方和东方、传统与现代的论争成了知识分子的中心话题，无论是接受传统也好，还是拒绝传统也好，作为冯至以及京派作家，他们和他们之前以及之后的知识分子均有所不同，他们不得不同时受到双重的文化影响，也不得

---

① 杰罗姆·B.格里德尔. 知识分子与现代中国[M]. 天津：南开大学出版社，2003：1.

不在漫长的学习道路和比较接触中逐渐接受、认同某种价值观念。

第一节 对中国传统文化的发扬

许多人都认为，如果擅长于从中国传统文化艺术吸收知识，一定会增加其个人生命的深度，也会增加其作品的深度。京派作家如周作人、朱光潜、梁宗岱等多具有醇厚的学者气质，他们对中外文学探源溯流、洞幽察微，不依傍于一家门户，既浸淫于古典派作品，又出入于浪漫或象征派作品之间，以渊博的学识滋润其审美理想的纯粹与宽容。

京派作家大多在早年经过系统的古典知识学习，朱光潜就回忆过这样的学习经历，他说在绵长的中国优秀传统文化里，他特别爱好而且对他影响最深的书籍，就是《庄子》和《陶渊明》与《世说新语》这三部书，以及和这些书在内容上有些类似的书籍。"……我逐渐形成所谓'魏晋人'的人格理想。根据这个'理想'，一个人是应该'超然物表'、'恬淡自守'、'清虚无为'，独享静观与玄想乐趣的。"[①]由此可见，以朱光潜为代表的京派文人形成的心境和他们对中国传统文化的理解是密切相联的。冯至曾经也说："我在

---

① 朱光潜. 我的文艺思想的反动性[J]. 文艺报. 1956（12）.

幼年时背诵过一部《论语》，半部《诗经》。当时的确很痛苦，在那些费解的字句里消磨了我许多美好的童年，可是成年后，渐渐了解其中的意义，也像吃橄榄一般，苦后有余甘。"①姚可崑还曾经从中国传统文化的角度解释过冯至改名的原因，冯至原名冯承植，字君培，后来他不承受别人的培植，自己起了个名字叫冯至，"这是由于他读《庄子·逍遥游》读到'至人无己'时得到的启发"②。按照《冯至年谱》记载，1916年，冯至十二岁，考入北京市立第四中学（原名顺天府立中学堂，建校于清朝末年，是清朝废除科举制、实行新学制后最早建立的中学堂之一，1911年后改为京师公立第四中学校）。冯至的继母非常贤惠和有远见，在经济窘迫的情况下，力促冯至前往北京读书。冯至的九舅朱受豫很关心他的学习，"喜欢在业余时间绘山水画，总让他站在一旁，给他讲解绘画的知识，介绍历代画家和流派，培养了冯至日后对艺术的欣赏力"③。在中学阶段，冯至最感兴趣的是数学教师黄自修以及国文教师潘云超。潘云超讲授《史记》、《韩非子》中的名篇、《汉书·艺文志》及《说文解字·序》等典籍。后来，潘云超因在《益世报》上发表支持学生运动的署名社论而被捕，施天侔继任冯至的国文教师。冯至认为施天侔向

---

① 姚可崑. 我与冯至[M]. 南宁：广西教育出版社，1991：41.
② 同上，第33页.
③ 冯姚平. 给我狭窄的心，一个大的宇宙：冯至画传[M]. 南昌：百花洲文艺出版社，2015：4.

他们介绍了西方文学各流派，还"讲解《庄子》，扩大了我的眼界，活跃了我的思路"①。冯至由此打下良好国学基础。冯至是中国最为杰出的德语文学研究专家和杜甫研究专家之一，在他的研究中，也和很多京派作家一样，显示出中国传统的思想文化的宏阔视野，这显然与早年的积累与修养是有着相当密切关系的。古典文学的熏染，使得京派代表作家们对陶渊明、屈原，甚至杜甫尤其垂青。而深厚的古典文学修养又使得他们在文学理论研究或创作中注重清澄的心境，注重受形于外物启示的心灵活动，注重抓住万物玄机的灵感，这也是京派作家常见的心境。在作品中，这种心境见诸废名的短篇《菱荡》，见诸凌叔华的短篇《中秋月》，见诸沈从文的短篇《三三》和中长篇《边城》，也见诸周作人、俞平伯的一些小品文。即便是学贯中西的梁宗岱，也一直不忘把中国传统文化向西方推介。梁宗岱在发表法译唐代诗人王维的诗之后，1930年在巴黎翻译他最心仪的晋代诗人陶渊明的《陶潜诗选》，这成为他文学道路上的重要里程碑。梁宗岱将译稿寄给罗曼·罗兰看后，接到罗曼·罗兰的回信说："你翻译的陶诗使我神往，不独由于你稀有的法文智识，并且由于这些歌底单纯动人的美。……"②罗曼·罗兰收到新书后，

---

① 冯至. 冯至全集第四卷[M]. 石家庄：河北教育出版社. 1999：387.

② 梁宗岱. 梁宗岱文集（Ⅰ）[M]. 北京：中央编译出版社，2003：224.

又复信："我衷心感谢你。这是一部杰作，从各方面看：灵感，移译，和版本。"①冯至是梁宗岱的至交，更是诤友，同样具有留学背景，他的文学创作中，对中国传统的思想文化也有较为深切的体认。1942年，冯至创作了小说《伍子胥》，这部小说既有浓厚的中国传统文化和古典文学色彩，又有西方文化现代性的因子。姚可崑在《我与冯至》中提及哲学家贺麟早在他四十年代撰写，后来又重印出版的《五十年来的中国哲学》中就运用哲学的眼光对写作形式上中西合璧的这本小说给予了高度评价②。

当然，京派代表作家对于传统文化的认识和理解，并不仅仅来自于童年时代严格的古典知识训练，比如，在中国现代文学的发展历程中，作为传统文化的宗教对京派代表作家的写作也发生过重要作用。周作人研读过许多佛教经典，他也曾经一度在北大国文系讲授《佛教文化》之类的课程。周作人在谈文学与宗教的关系时，既强调文学与宗教的共性，也强调文学与宗教的差异，认为这种差异表现在功利目的的不同，认为在文学与宗教之间，文学强调的是世俗性和人间性。也正是本着这样的观点，在处理新文学的现代性转型问题上，周作人将自己真切的关怀投注到普通人生的各个角落。早在

---

① 梁宗岱. 梁宗岱文集（Ⅰ）[M]. 北京：中央编译出版社，2003：225.

② 姚可崑. 我与冯至[M]. 南宁：广西教育出版社，1991，第99页.

1921年1月刊《小说月报》12卷1号上，周作人就发表了《圣书与中国文学》，周作人认为："'圣书'的精神与形式，在中国新文学的研究及创造上，可以有如何的影响。"①文学与宗教的关系是他研究的出发点，周作人还对这对关系进行了辨析，他认为，"就精神上讲，文学总是创造的，情感的，与那分析的，理智的科学实在不能互相调和，因为性质很不相同。宗教也是情感的产物，与文学相类。"在周作人心目中，不管是文学还是宗教，都是本性相近的，都是表现人类情感的。在《圣书与中国文学》里，周作人还强调"人类所有最高的感情便是宗教的感情，所以艺术必须是宗教的，才是最高尚的艺术"，"文学与宗教都植根于人类的基本需要，是人的求生意志的一种表现"②。宗教追求神人合一，艺术强调物我无间，这种根本的"一致性"，也使周作人认为虽然近代以来宗教对文学的影响日益减少，但由于这一根本的共通性未变，所以它们之间不可能完全断绝关系，互不理睬。虽然他的观点有着一定时代的局限性，但在对文学艺术和宗教的密切关系的研究的确是切中肯綮。不可否认，在这些观点的影响下，周作人作为京派的先驱，为这个流派蓄积涵养的文学趣味也是颇为丰富的，大抵包含宽容、隐逸、纯正、无功用诸项。对文学与宗教的关系的考察，极大地开阔了周

---

① 周作人. 圣书与中国文学. 1921年1月刊《小说月报》12卷1号.

② 周作人. 集外文[M]. 海口：海南国际新闻出版中心，1995.

作人的视野，同时，也使他的文学观充满了内在的张力。

可以这么说，宗教不断丰富了京派文学的内容，也影响了京派代表作家的创作心理、审美趣味。众所周知，佛学对废名的影响相当大。在谈禅说道上，废名对佛教典籍的精辟的理解与阐发不逊于同时代的任何人，废名的艺术世界多是禅趣佛理的传达。禅宗使他一方面超脱感悟，另一方面却没有离开现实人生；一方面执着于人生终极命运的关怀，另一方面又以静观人生的姿态诉说人生的悲哀与寂寞。废名领悟到只有通过审美的体悟达到人与自然的和谐，才能祛除人生存的困苦，才能不损害生命的完整性和丰富性，才能使生命存在圆融透明、自然和谐。同为京派大家的沈从文，他的文艺观、审美观、对知识的批判及文化重造的构想等方面都体现出与道家思想的内在精神联系。道家个体主义的核心是追求人的自由与独立，曾熟读道家文化典籍的沈从文自然不例外。正如梁实秋对他的评价："一方面很有修养，一方面也很孤僻，不失为一个特立独行之士，不肯随波逐流的人。"[①]沈从文的文学批评极力维护文学独立、自由、纯正的品格，同时也强调文学对民族品德重造的社会作用，主张以美育代替宗教，以文学代替经典，这一重造的主张正如凌宇先生指出的，虽"建立在他对中国传统文化根本性的怀疑的基础之上，……但沈从文并非全盘性反传统主义者，佛教的人性向

---

① 梁实秋. 沈从文评说八十年[M]. 北京：中国华侨出版社，2004.

善，儒家的入世进取，道家的人与自然的契合的思想要素被沈从文接受并吸纳从而形成沈从文自称的'新道家思想'"①。冯至之所以能融汇中西，在传统诗歌的现代转型中做出自己独特的贡献，也是与他深厚的传统文化修养，尤其是佛教禅宗潜移默化的影响分不开的。不幸的身世和遁世的性格使冯至对佛学禅理几乎有一种天然的亲近感。他不仅喜欢魏晋人物与晚唐诗，而且与林如樱、陈翔鹤、顾随、废名等参禅近佛的朋友来往相当密切。从某种意义上可以说，在思想深处，冯至更接近中国传统知识分子的庄禅人格，这也是为什么他在20世纪40年代创作的《十四行集》时常给人一种既新又旧，既现代又传统的印象的原因所在，这里的新与旧都是令人深思的。

宗教影响了京派代表作家的创作心理和审美趣味，在这种影响下，废名、沈从文、冯至等人又用各自擅长的艺术表达形式共同发展了一种乡村牧歌型的浪漫主义，从而把正在衰落中的五四浪漫主义思潮推向了一条新的发展路径。

在19世纪20年代至30年代这一期间，北平文化生态环境处于濒危状态，如根据《中国现代文学期刊目录汇编》的述录（天津人民出版社，1981年版），1929年全国共创刊13份文学期刊，北京只有两份，即《华严》和《戏剧与文艺》。京派作家对于宗教的热衷和亲近，一方面与强烈的文化荒芜

---

① 凌宇. 沈从文创作的思想价值论[J]. 文学评论，2002（6）.

感有关，另一方面也体现了中国文学在迈向现代的过程中文化资源欠缺的焦虑与困惑。

一些京派作家在作品中掺杂着宗教的书写，是更多地希望某种宗教元素的引入，能够起到经世致用的影响，比如京派作家萧乾，他的很多作品在主题和结构方式上就显示出各类宗教（特别是基督教）因素的影响或与宗教文化的内在关联；废名在《竹林的故事》及《桥》中所勾勒的人物山水画，让人从自然的律动中把握生命的节律，感受生命的福乐，从而摆脱生存的困境，获得生命的诗意的栖居。而这所深蕴的内涵恰恰正是作者对现实的焦虑，恰恰是对中国文学在迈向现代过程中步履蹒跚的写照。冯至对心灵困境的探索也是与宗教性沉思联系在一起的，并且是通过诗歌的形式得以体现的。在《十四行集》中，冯至是以宗教的沉思方式敞开内心，融入寂寞，将中国土地上的生活的沉重与灾难潜入内心深处，将民族本位的、更具感性的战争体验转化为个人与人类本位的、更具形而上色彩的生命体验与思考[1]。正如京派文艺理论家朱光潜所说："诗

青年冯至

---

[1] 韩红蕾. 论冯至《十四行集》的宗教沉思特质[J]. 江西科技师范学院学报，2008（1）.

虽不是讨论哲学和宣传宗教的工具，但是它的后面如果没有哲学和宗教，就不易达到深广的境界。"[1]他揭示出了文学只有具备哲学、宗教那样深广的内涵才会拥有永恒的审美价值。京派作家们对文学与宗教关系进行思考是普遍的，而这种思考也在一定程度上也影响了京派文学创作。他们和同时代的许多人一样，同时也是在现代文化的知识背景和思想结构中重新认识传统，只不过在不同的历史时期以及不同的中西思想潮流的牵引下，他们每个人对于传统的认识都会有一定差异。

第二节　超然的社会功利的追求

冯至曾在提及京派概念时，对京派文人的士大夫气有比较精辟的描述："30年代京派的士大夫气是什么样子呢？……北平的一部分教授学者自命清高，不问时事，评文论道，不辞谈笑度年华。他们既不触犯统治者的逆鳞，更不捋及侵略者的虎须，起着给反动政府点缀升平的作用。实际上他们正是'鱼游于沸鼎之中，燕巢于飞幕之上'。"[2]京派文人的这种士大夫气所表现出来的文艺观就是超然的社会功利主义

---

[1] 朱光潜. 诗论[M]. 北京：三联书店，1984：83.
[2] 冯至. 冯至全集第四卷[M]. 石家庄：河北教育出版社，1999：365.

思想，也就是周作人所说的"独立的艺术美和无形功利"的"人生的艺术"观等。周作人在20世纪20年代前期就在《文艺上的宽容》一文中指出：文艺主体是自己表现，文艺作用是感染他人，是个人的也是为人类的，所以文艺的条件是自己表现，其余思想与技术上的派别都在其次。"……各人的个性既然是各各不同，那么表现出来的文艺，当然是不相同。现在倘若拿了批评上的大道理要去强迫统一，即使这个不可能的事情居然实现了，这样的文艺作品已经失了它惟一的条件，其实不能成为文艺了。因为文艺的生命是自由不是平等，是分离不是合并，所以宽容是文艺发达的必要的条件。"①在这种宽容余裕的心态中，周作人等人逐渐消磨了在五四新文学运动时期的棱角，滋生了恬淡隐逸的人生趣味和艺术趣味。等到了朱光潜时代，他认为无论是做学问还是做事业的人，都要抱一副"无所为而为"的精神，要把自己所做的学问及事业当作一件艺术品看待，只求满足理想和情趣，不计较得失，这样才可以有一番真正成就。②按照钱念孙先生的分析，朱光潜的超脱观念与道家的隐逸思想是有着明显差异的，道家的隐逸思想多半表现为躲避尘嚣，恬淡自守，以至彻底的绝学弃智，清虚无为，而朱光潜的超脱观念虽然也有回避现实矛盾，超然自守的意味，但目的却是不让理想破灭，而是

---

① 周作人. 文艺上的宽容. 载1922年2月5日《晨报副镌》.
② 朱光潜. 谈美·开场话[M]// 朱光潜全集（第二卷）. 合肥：安徽教育出版社，1987：6.

在精神上把乐观以及热心和毅力都保持住，以便养精蓄锐，为未来作准备。这就是说，从人生态度上看，道家的隐逸是彻底从现实中退出，"出世"从一定程度上说既是手段也是目的；而朱光潜的超脱只是暂时回避现实，是以退为进的手段，其目的仍是为了"入世"，也就是他所说的"储蓄精力待将来再向其他方面征服现实"。而正是在这一点上，又显示出儒家思想对他的重要影响。[①]

由于追逐超然的社会功利主义思想的影响，作为学院派精英的京派作家用报纸杂志以及读诗会之类载体呼吸着清新的文化思潮空气。在《骆驼草》之前，周作人等人曾经成立过骆驼社，出版过《骆驼》。周作人在1926年7月15日作的《代表"骆驼"》一文，发表在1926年7月26日《语丝》第89期，文中说："骆驼社里一共只有三个人，即张定璜、徐祖正、周作人是也。"他在1925年11月1的日记中记载："上午驼群同人来聚会，共十二人"；次年2月6日记载："六时往东兴楼，驼群之会"；5月30日又做如下记载："驼群之会，不去"；7月26日记载："《骆驼》出版"；8月1日记载："上午往幽风堂，赴驼群之会"；11月7日记载："上午凤举耀辰犀海民生四君来议续出《骆驼》事"。这是最早的记载骆驼社和《骆驼》的史料。1931年，废名、冯至编辑的《骆驼草》创刊，《骆驼草》以旁观的态度面对社会现实，

---

① 钱念孙. 朱光潜——出世的精神与入世的事业[M]. 北京：文津出版社，2004：34-35.

其所呈现的纯文艺的倾向以及作为学院派刊物的那份矜持对后来的京派刊物《文学杂志》等都或多或少的有一定影响。《骆驼草》创办后，在八道湾周作人的"苦雨斋"，时常举行以《骆驼草》撰稿者为主的"骆驼同人"聚会，冯至参与创办《骆驼草》的过程，使得他与京派文人群的部分成员，特别是与周作人、废名结下了不解之缘。到了1933年，朱光潜在北平慈慧殿3号发起、组织了一个"读诗会"，每月一至二次，参加者有冰心、林徽因、凌叔华、朱自清、杨振声、俞平伯、冯至、梁宗岱、周作人、孙大雨、叶公超、沈从文、张兆和、卞之琳、罗念生、废名、李健吾、何其芳、萧乾、周煦良、杨刚、林庚、陈世骧、曹葆华等，以及在北平的英国诗人尤连·伯罗等等人。[①]读诗会直接促成了《大公报·文艺》副刊的"诗特刊"出版，对京派人文氛围的形成起了重要作用。姚可崑在《我与冯至》中，提到冯至1935年在北平时，到朱光潜家里参加过两次读诗会。《沉钟》停刊后，朱光潜也是冯至的主要交流对象。1937年朱光潜筹办《文学杂志》，向冯至征稿，冯至首寄去四首怀念亡友梁遇春的诗，发表于杂志第一卷第一期。1939年冯至为了想去乐山武汉大学教书，给朱光潜去过电报。由此可见，朱光潜还曾经是冯至较信任的知己。据姚可崑回忆，到了20世纪40年代，"大概在1943年冬天，或者是在1944年春天，由杨振声建议，

---

① 钱念孙. 朱光潜——出世的精神与入世的事业[M]. 北京：文津出版社，2004：283.

彼此熟悉的朋友每星期聚会一次，互通信息，也许是由于地点适中，选定敬节堂巷的冯至的家……大家聚会在一起，漫谈文艺问题和文学历史掌故，每次来参加这聚会的有杨振声、闻家驷、闻一多、沈从文、朱自清、卞之琳、孙毓棠、李广田等人"①。这种审美理想即使在战火硝烟的岁月一直没放弃，抗战胜利后，1946年下半年，大批的学人回到北平。姚可崑回忆，"许多教授住在当时的中老胡同宿舍，中老胡同宿舍里住的教授中，与我们熟识的贺麟、闻家驷、沈从文都是西南联大的同事，朱光潜是从武汉大学来的，陈占元是从广东来的。其中有的我们后来成为通家之好。"②"成为通家之好的就有朱光潜一家，如今同住中老胡同宿舍，很快就成为朋友。我和他的夫人奚今吾也时有往来。"③

1947年6月，朱光潜编辑的《文学杂志》（1937年5月创刊）复刊，重组五人编委会，成员为杨振声、沈从文、朱光潜、冯至、姚可崑，常风仍任助理编辑。《复刊卷头语》是这样发出集合号的："我们的目标在原刊第一期已表明过，就是采取宽大自由而严肃的态度，集合全国作者和读者的力量，来培养成一个较合理想的文学刊物，借此在一般民众中树立一个健康的纯正的文学风气。"④几个月后，文学成果

---

① 姚可崑. 我与冯至[M]. 南宁：广西教育出版社，1991：105.
② 同上，第118页.
③ 同上，第123页.
④ 钱念孙. 朱光潜——出世的精神与入世的事业[M]. 北京：文津出版社，2004：288.

就开始呈现，1948年3月，《正中文艺丛书》开始出版。第一种是朱光潜的《诗论》（增订本），增收三篇论文，其中《中国诗何以走上律的路》上下两篇是对于诗作历史检讨的一个尝试，另一篇为《陶渊明》。以后又出版了冯至的《歌德四述》和常风的《窥天集》。1946年下半年以后，冯至与沈从文由于居住地理环境的接近，其交往程度已非一般朋友所能及，姚可崑回忆："到了中老胡同宿舍，朝夕相处，二人谈文艺，谈小摊上买来的古董，谈民间艺术，他谈话声音很低，却津津有味。……也许实在忙不过来，他把编辑《大公报·星期文艺》的工作让给冯至，冯至从1947年4月6日的第二十六期编到1948年9月第一百期。"①

京派作家圈子中，亦师亦友的现象时有发生，冯至在留德前，与周作人、废名交往比较密集。周作人与废名有师生之谊，废名于1922年考入北京大学预科，两年后转入英国文学系，1927年7月，北京大学、北京师范大学等校合并，周作人被辞退，废名也因此退学一年多，衣食无着。给周作人写信后，周作人对他的住宿、就业多有关照，而且几乎为他出的每部书作序，这种关系是非同一般的。废名逐渐成为深受周作人影响的京派作家的一员，也就顺理成章，说明这也是有着深刻的人事和精神因缘的。冯至与废名作为文学青年，经常往来，按照姚可崑初见冯至的回忆，"从1929年初杨晦

---

① 姚可崑. 我与冯至[M]. 南宁：广西教育出版社，1991：123-124.

主编《华北日报副刊》，同时又利用'副刊'的篇幅办三个周刊，……吃饭时同桌的除了那个青年外，还常有陈炜谟、废名等人"[1]。冯至曾经写《西郊遇雨记——寄给废名》，文中有这样的语句，"每逢下午，我在城里望着云彩从西北升了上来，我便想起住在西北方山坡上的你。我想你住在那乱石堆积，前代遗留的壁垒的残墟中间，独自一人织纺着你那梦中的花毡……风雨来时，你一定要后悔我没有在你那里住下，并且从你的小窗向着东南翘望吧，在山风山雨一片烟水的苍茫里，思念着路上的我的你的心情不定多么优美呢。"[2] 在冯至写给废名的信件中，言语中竟然迸发出如此强烈的友谊火花，可见两者关系之亲密不一般。即使在临近解放时期的北平，废名的儿子冯思纯回忆："父亲经常来往的还有朱光潜、游国恩、杨晦、袁家骅、徐祖正、杨振声这些老朋友。沈从文先生也常来聊天，有时他生病，还让他夫人代他来看看。冯至先生来得不多，但我知道父亲常去他那儿。"[3]

这种亦师亦友的关系使得他们可以享有一个共同的文化气候，使文学个性的追求渗透着几分人间情义，在办报办刊的学艺切磋中，在一种若隐若现的精神情怀的关照中发挥了风格导向、心得传授、情感沟通、精神激励和行动协调的多

---

[1] 姚可崑. 我与冯至 [M]. 南宁：广西教育出版社，1991：12.
[2] 冯至. 冯至全集第三卷 [M]. 石家庄：河北教育出版社，1999：333.
[3] 冯思纯. 回忆父亲废名先生 [J]. 湖北文史，2003（2）：176.

种效应。从而使得众多的京派文人间的读诗会、约稿会以及聚餐会也多少带点古代文人雅聚的味道，这滋润着京派作为文学流派的群体追求。

冯至与京派作家文化价值观的同一性也就是在这种氛围中形成的。京派作家对超然的社会功利主义思想的追求，表现在文学创作中，追求的就是冲淡、恬静、和谐、均衡，追求诗化的写实，追求的就是融合现实主义、浪漫主义、古典主义的多种情趣。其实，我们来看《骆驼草》杂志的命名就是一件很有趣的事情。用"骆驼"一词嵌入进一本表述群体理想的杂志里面，京派文人是有自己的理由的，但在西方人眼里，"骆驼的传统象征意义却是模糊不清的。我们不奇怪骆驼成为节制和庄重的象征，也不奇怪圣·奥古斯丁（354—430）以它象征谦逊的基督徒毫无怨言地承担生活重担，不过，由于人们看骆驼面相傲慢，认为它也象征自私和自负"①。沈从文说："我只想造希腊小庙。选山地作基础，用坚硬石头堆砌它。精致、结实、匀称。形体虽小而不纤巧，是我理想的建筑。这神庙供奉的是'人性'。"②山地、石头，讲的是沈从文小说中的素材来源于美轮美奂的湘西世界；精致、结实、匀称，讲的是沈从文对文体的一种追求；人性，讲的

---

① 〔德〕汉斯·比德曼. 世界文化象征辞典[M]. 桂林：漓江出版社，1999：203.

② 沈从文. 从文小说习作选·代序[M]. 上海：良友图书印刷公司，1936.

是沈从文文学创作宗旨；而小庙则和希腊神庙是分不开的，讲的是沈从文文学创作与世界经典艺术的精神联系。废名、沈从文等采取边缘人的立场，对中外文化传统做了新的取舍，这一切与他们的生存方式结合起来，构成了他们的创作不同于五四浪漫主义的特点。沈从文在写梦，他说："我要写我自己的心和梦的历史。"① 废名也认为文学是"梦梦"。他形象地把文学创作比喻为"反刍"，认为这样才能成为一个梦。是梦，所以和当初的现实生活有了区别，艺术的成功就体现在这里。② 如果我们走进冯至的精神世界，会发现冯至也不可避免地步入了梦的殿堂，比较典型的是诗化小说《伍子胥》，整篇故事就是现代主义诗情和古老传说交融的一个梦，主人公在逃亡的过程中不断地对自身是否在梦境进行追问，有些意象具有深层次含义和象征性的启示。冯至在《伍子胥》"后记"中说："如今它在我面前又好似地上的一架长桥——二者同样弯弯地，负担着它们所应负担的事物"；是"美丽的弧"，它表示"一个有弹性的人生，一件完美的事的开端和结束"。③ "美丽的弧"是冯至的梦。废名、沈从文、冯至等人从各自的人生态度和审美趣味出发，对社会人生采取

---

① 沈从文. 沈从文文集第10卷[M]. 广州：花城出版社，1984：273.

② 废名. 冯文炳选集[M]. 北京：人民文学出版社，1985：322-323.

③ 冯至. 冯至全集（第三卷）[M]. 石家庄：河北教育出版社，1999：425-426.

旁观静察，依稀若梦，功利心超然的虚静心态。这种心态在那个黑暗苦难的时代，诚若鲁迅所批评的"徘徊有无生灭之间""失去锋棱和光泽"，"是很容易近乎说梦的"。[①]不过，"它也从某种流派视角，道出一些审美心理的秘密"。[②]正是如此，废名、沈从文、冯至等人用各自擅长的艺术表达形式共同发展了一种乡村牧歌型的浪漫主义，从而把正在衰落中的五四浪漫主义思潮推向了一个新的发展方向。

杨义先生对京派作家的这种趣味曾经做过一个有意思的比喻："以雾喻人生，要求作家不做苦海中的旅人，但做高岸上的看客，不见人世烟火，于功功利利无沾无碍，这就是京派理论家超越现实悲欢利害的纯然粹然的审美观"。[③]京派是学院派，超越派别之争，强烈的超然的社会功利主义思想使得他们持一种宽容的态度，在中外古今的文学中，选择他们所认为精华的东西加以融合，浪漫激情和古典法则相融，写实与抒情相融。在对京派文人的评价或者京派文人自我评价中，经常也可以看到他们比较清醒的超然的文学世界观，如周作人认为废名小说宜于在树荫下阅读，这是包含着闲适和隐逸的文学世界观的。沈从文反复陈述自己是乡下人，这折射着沈从文对乡土世界中自然人性的推崇，以及沈从文对

---

① 鲁迅. 且介亭杂文二集·"题未定"草（七）[M] // 鲁迅全集（第6卷）. 北京：人民文学出版社，1981.

② 杨义. 京派海派综论（图志本）[M]. 北京：中国社会科学出版社，2003：160.

③ 同上，第162页.

现代城市文明所造成的人性异化和道德崩溃所持的一种批判精神。他们也呼喊：中国现在所需要的是一种新的节制和新的自由，去建造中国的新文明，也就是去复兴几千年前的旧文明，这样才与西方文化的希腊文明相合……除此外，中国没有别的得救之道。① 在超然的社会功利主义思想影响下，京派文人从以"骆驼"到后面的"骆驼草"自居，在我们今天看来，实际上是在提倡一种雍容、坚忍的文化精神。他们试图重新审视因五四激进地对传统割裂而形成的文化的断层和文人迷惘和混乱、浮躁的心态，在左与右之间寻找一条新的、与传统功利主义不同的超然的发展道路。

---

① 周作人. 雨天的书·生活之艺术 [M]. 北京：北新书局，1925.

第二章　文学体式和写作模式的不同

从创作的艺术形式来说，冯至和京派所受的影响都是多元的。无论是周作人还是冯至，都借鉴过外来文学体式，吸收过异域文学精华。他们扎根于民族传统，对外来文学体式进行了本土化改造。由于借鉴来源地的文化差异，也使得冯至和京派其他作家在文学体式上有所不同。20世纪40年代初，冯至用十四行诗探索哲理，理性地关注人生和社会，用诗歌形式的转换、艺术的开拓来表达一种全新的精神境界。20世纪40年代末期这一时期，对冯至与京派来说，却又如同一个巨大的分水岭。重开炉灶，从零开始、去激情歌颂时代与社会，这是以冯至为代表的一类知识分子的选择，也是他有别于京派代表人物的必然选择。

第一节　外来文学体式的借鉴

在京派作家中，周作人是较早借鉴外来文学体式的，也是最有代表性的。他的借鉴是从观察日本文化开始，在民间世俗文学中去寻觅、学习活的日本语。他曾经去过被称作"寄席"的杂耍场听"落语"。周作人在"落语"中发现了日本民俗风情和语言文字中的谐趣。在周作人看来，人性（或民性）要健全，诙谐的风趣是不能缺乏的。他还对日本的"川柳"与"狂言"进行过深入了解，周作人从小养成的平民趣味在"狂言"上找到了契合点，他特别感兴趣的就是"狂言"所表现的下层人民的价值观以及审美判断。从这种契合点出发，从欣赏日本民间文学里的滑稽趣味开始，周作人开始关注日本文学中的"俳谐"。在日本，无论是俳谐体诗歌还是散文，最大的特点是"用常语写俗事"，周作人在《药味集·谈俳文》中曾经对其特色有过总结。周作人的个性化写作，喜欢捕捉刹那间的情感，运用民俗语言写人情风俗，体式上都比较短小，诙谐而不失闲情逸趣。在周作人的文章中，俳句或川柳诗形的影子经常可见。周作人借鉴外来文学体式，是因为俳句类的日本小诗不干涉社会政治生活，便于抒发性情，而当时周作人正在形成的隐逸、非平民化思想正需要这样的载体，这也成为他书写自我，清理自己思想的一种重要方式。俳句类的日本小诗作为一种外来文学体式，转化成了一种催促周作人新的文学思想形成的重要力量。但不可否认的是，孤独寂寞是俳句类的日本小诗热衷的主题，沉迷于日本小诗进行个人化的创作，必然导致自我与社会的隔离，带来个人的孤独寂寞。如果我们分析若干年后周作人思想转型的原因，对外来文学体式借鉴的长期影响应该是不可以忽视的。

相对于京派作家来说，冯至借鉴外来文学体式最成功之处就是对十四行诗的接受。十四行诗作为一种抒情诗形式，格律严谨，它最早是在文艺复兴时期的意大利诞生，到16世纪20年代，被引入英国并得到较大发展。十四行诗于20世纪20年代被译介到中国。经过新诗运动先驱们在诗歌创格运动中的创作实践，十四行诗演变出多种中国式的变体。十四行诗延展了中国诗歌的诗行结构，拓宽了中国诗歌的用字规范，丰富了中国诗歌的音韵模式。闻一多、梁宗岱、徐志摩、孙大雨、卞之琳都经历过十四行诗的创作实践。比如，在新诗形式上，闻一多既擅长吸收西方诗歌音节体式的长处，又注意保留中国古典诗歌韵调格律的传统，提出了一套创造新格律诗的理论，主张新诗创作应具有音乐美、绘画美、建筑美，闻一多对此也努力进行了实践。然而，只有到了冯至笔下的《十四行集》，它才既具有生命意义的冥想和玄思，又具有动人心扉的情韵，形成哲思与情感的水乳交融。《中国现代文学三十年》中这样认为："冯至《十四行诗集》整体风貌中所显示的庄严以及单纯和从容，还有艺术上的相对完美，使得《十四行诗集》在40年代文学，乃至整个现代文学之中，都是一个独特的存在。另一方面，冯至《十四行诗集》的成功是一个重要的症候，它表明中国现代的新诗人，已经有足够的思想艺术力量，去消化外来形式并用这种思想艺术力量来创造具有中国特色的民族新诗。"① 有当代学者认为冯至《十四行集》的问世，可以称得上诗歌在新文化运动后的第二次现代主义浪潮，是在一个极其特殊的语境下对闻一多这些人所倡导的新诗格律化的一种反应与支持，也是对抗战以后新诗出现散文化形式的纠正，为后人创作诗歌提供了一个可借鉴的范例。

抗战爆发后，主流文学呈现战争制约下不同政治地域的文学分割并存局面，抗战初始国统区的文学基调是昂扬的英雄主义，救亡压倒一切，强烈的时代性、战斗性的写实主义诗风靡诗坛，后则追求史诗格调，风格趋向凝重博大；而解放区的创作基调则表现为明朗朴素。大量战时诗歌过分具象化和形而下化，虽然能够产生现时性的鼓动效果，却失去了诗歌应该所具有的历时性的回味。抗日战争全面爆发，北京文化界分流变迁，此时的京派代表人物中，废名早在1937年冬天就离开沦陷了的古都，隐居黄梅，沉迷于对人生、对世事、对宗教、对儒家、对抗战、对中国社会的官僚和农民以及对历史的思考，并以此为基础创作了《莫须有先生坐飞机以后》；周作人则留了下来，1941年，苦雨庵主人周作人变成了伪教育总署督办周作人，一代文人因为说不清的理由而沦落为汉奸，周作人从形式上完成了从学者文人到政治官僚

---

① 钱理群，温儒敏，吴福辉. 中国现代文学三十年[M]. 北京：北京大学出版社，1998：582-583.

的角色转变。[1]1937年9月，朱光潜应四川大学代理校长张颐之聘，到成都四川大学任文学院院长兼英文系主任，同时兼任出版编审委员会主任委员。1941年5月12日，他致信方东美，谦虚云："弟自入蜀以来，人事多扰，所学几尽废，而每日必读诗。"[2]1942年"由武汉大学校长王星拱介绍，加入国民党。开始在《中央周刊》发表文章"[3]，作品多为《我与文学及其他》式的文章；梁宗岱从1938年至1944年，在重庆任复旦大学外文教授，此间一直翻译蒙田散文，并直接用德文翻译歌德著的《浮士德》；与冯至同在西南联大任副教授的沈从文则在继续创作散文、杂文和小说，小说"《长河》继续着《边城》对自为生命形式的探索"。[4]《长河》牧歌式的谐趣遮掩着变动来临前的乡村宁静，多的是对现实的沉痛感慨，少了《边城》式的伤感，作品中，沈从文对战争或者会"完全净化了中国"充满渴望，这和他一直坚持的文学独立原则相关。可以说，京派的散落自然是因战争的缘故，不过，这班文人安详无为、游离时代潮流的心理状态，不可避免地使流派内部存在着艺术追求的松散性，存在着多种多样的艺术层面。

1942年5月24日至5月26日，又回到昆明杨家山林场

---

[1] 钱理群. 周作人传[M]. 北京：十月文艺出版社. 1990：446.
[2] 钱念孙. 朱光潜——出世的精神与入世的事业[M]. 北京：文津出版社，2004：287.
[3] 同[2].
[4] 凌宇. 沈从文传[M]. 北京：东方出版社，2009：406.

小屋小住的冯至,感觉到"战争把世界分割成这么多块彼此不通闻问的地方……对着和风丽日,尤其是对着风中日光中闪烁着的树叶,使人感到——一个人对着宇宙"[1]。于是,便写出了美妙的《十四行集》。

冯至之所以选择十四行诗,是和他对德国文学的接受密切相关的,冯至如同许多中国知识分子一样,已把德国文化视为不仅是对自身的、也是对西方文化的补充。冯至在西南联大北大外国语文学系任教,讲授德国抒情诗、德国文学史、浮士德、歌德研究及尼采选读。[2]

如果我们认真细致地分析,就会发现,冯至在这段时间的创作和他长期研究细读的歌德、里尔克、克尔凯郭尔、雅斯贝尔斯等形成了非常紧密的互文本关系。如果我们分析他在此阶段创作的作品时,抛开他熟读和研究的对象的话,是不容易全方位理解他的作品的。比如,在接受十四行诗这种外来体式时,里尔克对冯至来说,是具有重要影响的,冯至接受里尔克是从对苦难中国的拯救、对重建民族精神的期待视野出发的。冯至说:"人需要什么,就会感到什么是亲切的。里尔克的世界使我感到亲切,正因为苦难的中国需要那种精神"。[3]

---

[1] 姚可崑. 我与冯至 [M]. 南宁:广西教育出版社,1991:94.

[2] 西南联大北京校友会编. 国立西南联合大学校史——1937 至 1946 年的北大、清华、南开 [M]. 北京:北京大学出版社,1996:134-136.

[3] 冯至. 冯至选集(第二卷)[M]. 成都:四川文艺出版社,1985:170-171.

也许是当时生活地域的关系，面对抗战所呈现出来的残酷现实，他也热血沸腾，他也应时而作，冯至作为一个有社会良知的知识分子，承担文化传承的历史使命的社会责任可见一斑。冯至作为一介文人，在战乱年代，把里尔克的影响发挥到了极致。里尔克的影响使得冯至自身在意识上不断变化，不断保持自我，始终将自我同外部世界联结，这也是冯至在抗战期间一直坚守个性化艺术表达立场的主要原因。他没有简单地去扮演一个时代的传声筒，而是用审美的眼光沉思世间所有的一切，包括人类的命运，并将现代艺术经验成功引入中国诗歌创作，实现了哲学与诗歌的联姻，从而拓深了诗歌的表现意蕴，使诗歌艺术走向永恒。里尔克在诗歌方面是冯至的导师，在精神方面也是冯至的导师，里尔克如同长桥，如同美丽的弧，使冯至跨出了困惑以及迷惘的境地，达到别样的精神世界。里尔克"独立担当自己"的主体意识是最吸引冯至之处。"寂寞"是里尔克对于人生存状态的基本判断，他认为，人们不能逃避到社会习俗和喧闹的人群中来拒绝寂寞，而应当自觉地来承担，承担个人的寂寞，是生存者获取独立性和完整性的唯一途径。里尔克不是朝向外部，而是朝向内心，以个体包容世界，以个体连接世界。在这样一种生存观的影响下，冯至内心郁闷的荒原感得到舒解和驱散，原有的内敛性格在里尔克的熏染下获得一种精神张力，形成了属于自己的主体意识。所以，冯至在《十四行集》中表现出来的时间纬度，与沈从文在《边城》之类的作品中所表现出来的哀戚有很大差别,他的诗歌中,时间的空间化,或者空间的时间化,并非指向民族苦难的历史,而是更多地指向一种原初的生存"本质",从个体孤独逐渐感悟到世间孤独,从小体味逐渐到大观照,在中国现代文化史上也便有了一种独特意义和别样风景。

可以说,德国哲学对于冯至思想形成的影响是深远的。德语文学也对其产生着重要作用。歌德、里尔克、海德格尔以及雅斯贝尔斯等一批有力的德语文化符码和冯至的命运紧紧相连。冯至对十四行诗的接受观是受到德语文化启发而形成的,但这种接受不是呆板或者被动的,而是一种有创造性意义并经过转化了的接受,他没有让十四行诗传统的格律束缚自己的思想。从这些德语文化符码的漫游轨迹,可以找寻到文学作品创作的演进,找寻到冯至作为文人自我发展的一种角度,看到中国的十四行诗怎么在西方神话中诞生。从里尔克到罗丹再到冯至,有着说不尽的精神渊源,用里尔克曾经高度评价罗丹的一句话来评价冯至,我觉得是再恰当不过了,"人们终有一天会认识这位伟大艺术家所以伟大之故,知道他只是一个一心一意希望能够全力凭雕刀的卑微艰苦劳动而生存的工人。这里面几乎有一种对于生命的捐弃;可是正为了这忍耐,他终于获得了生命:因为,他挥斧处,竟浮现出一个宇宙来呢!"[1]

---

[1] 梁宗岱. 梁宗岱文集(Ⅳ)[M]. 北京:中央编译出版社,2003:254.

冯至在一个特定的时空环境下，运用十四行诗这样一种形式，在杨家山写出《十四行集》，一改他在20世纪20年代的诗风，不再偏重情感的抒发，而是用了一种客观的体验的方式去感悟个体生命的存在，表达人世间和自然界万物相连、息息相通的哲理。据姚可崑回忆，里边有几首关于道路的诗歌，是冯至一人或夫妻二人在松林里散步时的收获。

第十八首《我们有时度过一个亲密的夜》是回忆羁旅情怀。

我们有时度过一个亲密的夜[①]

我们有时度过一个亲密的夜
在一间生疏的房里，它白昼时
是什么模样，我们都无从认识，
更不必说它的过去未来。原野——

一望无边地在我们窗外展开，
我们只依稀地记得在黄昏时
来的道路，便算是对它的认识，
明天走后，我们也不再回来。

[①] 初收《十四行集》，原诗只有序号无标题，编入《冯至诗选》时加入此标题，后曾编入《冯至全集》，此据《冯至全集》编入。

闭上眼吧！让那些亲密的夜
和生疏的地方织在我们心里：
我们的生命像那窗外的原野，

我们在朦胧的原野上认出来
一棵树、一闪湖光、它一望无际
藏着忘却的过去、隐约的将来。

第十九首《别离》是姚可崑去狗街后，写夫妻互相勉励的。

别离①

我们招一招手，随着别离
我们的世界便分成两个，
身边感到冷，眼前忽然辽阔，
象刚刚降生的两个婴儿。

啊，一次别离，一次降生，
我们担负着工作的辛苦，
把冷的变成暖，生的变成熟，

---

① 原载1941年6月16日《文艺月刊》战时特刊第11年6月号。原诗只有序号无标题，编入《冯至诗选》时加入此标题，后曾编入《冯至全集》，此据《冯至全集》编入。

各自把个人的世界耕耘，

为了再见，好象初次相逢，
怀着感谢的情怀想过去，
象初晤面时忽然感到前生。

一生里有几回春几回冬，
我们只感受时序的轮替，
感受不到人间规定的年龄。

第二十一首《我们听着狂风里的暴雨》则是茅屋内夫妻听雨的共同的体会。

我们听着狂风里的暴雨①

我们听着狂风里的暴雨，
我们在灯光下这样孤单，
我们在这小小的茅屋里
就是和我们用具的中间

也有了千里万里的距离；

---

① 初收《十四行集》，原诗只有序号无标题，编入《冯至诗选》时加入此标题，后曾编入《冯至全集》，此据《冯至全集》编入。

铜炉在向往深山的矿苗,

瓷壶在向往江边的陶泥,

它们都像风雨中的飞鸟

各自东西。我们紧紧抱住,

好像自身也都不能自主。

狂风把一切都吹入高空,

暴雨把一切又淋入泥土,

只剩下这点微弱的灯红

在证实我们生命的暂住。

第二十三首《几只初生的小狗》内容比较新奇,是姚可崑家的奶妈亲眼看见那个场面,认为很有趣,跑来告诉冯至后,冯至有感而发创作的。

几只初生的小狗①

接连落了半月的雨,

你们自从降生以来,

---

① 初收《十四行集》,原诗只有序号无标题,编入《冯至诗选》时略微改动,并附上此标题,后曾编入《冯至全集》,此据《冯至全集》编入。

就只知道潮湿阴郁。
一天雨云忽然散开，

太阳光照满了墙壁，
我看见你们的母亲
把你们衔到阳光里，
让你们用你们全身

第一次领受光和暖，
日落了，又衔你们回去。
你们不会有记忆，

但是这一次的经验
会融入将来的吠声，
你们在黑夜吠出光明。

如果今天探讨冯至的成名与十四行诗在中国风行有什么内在联系的话，想想南宋大慧宗杲普觉禅师（1089—1163）那句"无著云：曾见郭象注庄子；识者云：却是庄子注郭象"，也许体会就更加深刻。冯至因为创作十四行诗而在当时受到朱自清、李广田等人高度评价，学者对冯至的文学史意义有过这样的描述：冯至是中国现当代文学史上对诗歌艰苦创新的奠基人之一，是诗歌和思想领域的巨擘。在近百年的时代大潮中，冯至融入时代，超越时代，在沉思中，以严谨态度对待诗歌艺术，关注时代，关注苦难的人生，以巨大的耐力和勇气，不懈地去探索人类和中华民族内在的生活领域。他感悟自然、感悟宇宙，从哲学层面上不断探寻人类存在本质。冯至向往宇宙真理和万物之美，在中国现当代诗歌艺术的发展过程中，他铸就了一种真正的诗歌艺术尺度，这一尺度，对于未来的新世纪，都是非常重要的。①

第二节　新中国成立之初写作模式的变化

新中国成立后，京派作为文学流派，失去了存在的土壤。冯至与京派代表人物都面临着何去何从的问题，都面临着对固有的艺术生命线是坚守还是放弃的问题。据废名之子冯思纯回忆："解放前夕北大人心惶惶，课也停了，大多数人对共产党不了解，不知道以后会怎么样。那时，朱光潜先生常到我家来和父亲说话，他们说话的声音很小。那时我虽然还是个孩子，也能感觉到气氛异样，就躲在外屋偷听。朱先生问父亲走不走，父亲说你走我也走，但过几天又听说不走了。我们就在北大静等时局转变。"② 朱光潜、废名们都在思考，新政权将以何种态度对待自己，都尚未可知。面对当时在知

---

① 周棉. 冯至传 [M]. 南京：江苏文艺出版社，1993：452.
② 冯思纯. 回忆父亲废名先生 [J]. 湖北文史. 2003（2）：177.

识分子中普遍存在的灰暗心境，一些文人开始思考如何在多事之秋解除烦闷的办法。在当时理想与现实激烈冲突，在无力改变现实的情况下，他们开始精神突围，寻找自己精神栖息的港湾，渴望摸索一种退一步海阔天空的应时处事的生存方式。这也成为当时文人们一种普遍性思维。对于冯至来说，是按照20世纪20年代的写作路线走，还是按照40年代的创作路线走，或者写作形式重开炉灶，也是不得不面对的现实课题。冯至在1949年5月3日出版的《北京大学五四纪念特刊》上发表了一首诗，题为《第一首——为北平解放后的第一个五四作》。从诗歌的标题来看，"这是北平解放后的第一首诗，也是诗人欲彻底改变《十四行集》那种诗风的第一首诗"[1]。里面蓬勃的诗句"三十年前的一粒光／如今照亮了山川"既讴歌了五四运动的伟大，又赞颂了现在时代的英明。1957年9月，《诗刊》9月号发表了冯至的《西郊集》，在这部作品中，冯至回顾了自己从1921年到新中国诞生所经历的生活历程，并且认为新生中国不曾冻结他写诗，而恰恰相反，正是春风解冻的时候。《西郊集》的第一辑主要是作者用诗歌讴歌新中国成立后全国各地的新事物新气象。《西郊集》的第二辑，除《我的感谢》《光荣的名称》《西安赠徐迟》等外，全部都是劳动模范写照，构思也大体相同，先叙述劳动模范的先进事迹，再抒发诗人的认识和感情，构成了一个完整的

---

[1] 陆耀东. 冯至传[M]. 北京：十月文艺出版社，2003：240.

写作模式。

和冯至相比，京派代表人物的写作出现两种模式。

第一种模式：按照以前的创作路线走，基本上还在文学理念和文章撰写上保留京派文人的士大夫气。周作人基本上就是走的这条路线。

1949年1月，周作人被保释出狱，在1949年8月从上海回到了北京，1949年7月4日，还亲自向周恩来写了一封长信，表明心迹。张菊香等编的《周作人年谱》说，"这封信由周作人一个学生请董必武转去，信稿抄件寄郑振铎"，从1949年11月15日开始，周作人应友人之邀，为上海《亦报》写稿。"从11月22日在《亦报》上以申寿的笔名发表《说书人》起，到1952年3月15日载完《呐喊衍义·二十九，九斤老太》，2年零5个月的时间，发表了908篇文章，其间还在《大报》上发表43篇短文，共计951篇，平均每天一篇。"①周作人已经将读书、写作作为他的生存方式。这时期他写了大量小品随笔，随笔主题从吃酒到喝水，从穿衣到戴帽，从行路到睡觉，无所不包，他的小品随笔的标题也朴实无华，如《短衣三便》《赤脚》《琐事难写》，文章多为漫不经意，随意而谈之作，处处体现人与自然的交融的哲理；语言通俗易懂，纯净而有韵味，散文充满平民作风和平民趣味，过滤掉了二三十年代散文中的苦涩味，呈现一种形式简朴、内蕴

---

① 钱理群. 周作人传[M]. 十月文艺出版社，1990：610.

丰富的艺术境界，明朗，轻松，洒脱，余味之中尚能嗅到早期京派的气息，也许这也是周作人一种本性的复归。

第二种模式：寻找一种新的方式为社会服务，规避社会现实的压力。沈从文、废名、梁宗岱、朱光潜基本上属于这种模式。

新中国成立后，沈从文之类的京派知识分子一时难以因应新的世界与原来生活环境的强烈反差，本已形成的对世界和人生的认识，为已经为变化了的社会所不容。而对新的观念和现实的接受认同，对他们来说，也是一个长期而艰难的课题。对于沈从文来说，当文学创作已经难以为继，最终割弃文学，而以一种在博物馆探寻历史真实的方式为社会服务，这使他感到痛苦。虽然没有人不准他写作，也没有人强迫他一定要写什么或者不写什么，而只是来自于自身的内心矛盾，但这种痛苦来自于沈从文自身，所以愈加痛苦。与此类似的还有废名，1952年全国高等院校调整，废名从北京大学分配到东北人民大学（即现吉林大学）。他在吉大中文系开设的课程，除美学外，还有鲁迅研究和杜甫研究以及写作实习等。废名在吉大期间，用了很大精力进行鲁迅研究，并且在1953年1月和1960年8月，先后完成《跟青年谈鲁迅》和《鲁迅研究》两部专著。[1]

在当时的形势下，转向翻译西方经典，也是一条可供选

---

[1] 冯思纯. 废名在长春——纪念父亲逝世四十周年[J]. 黄冈师范学院学报，2007（4）：1.

择的途径。京派代表人物在新中国成立后,以巨大的热情从事翻译似乎成为一种精神上的较一致选择。朱光潜在新中国成立后也把大量精力献给翻译工作,他1949年以前出版著作十部:《给青年的十二封信》、《变态心理学派别》《悲剧心理学》《谈美》《变态心理学》《文艺心理学》《诗论》《孟实文钞》《谈修养》《克罗齐哲学述评》;1949年以后出版著作四部:《美学批判论文集》《西方美学史》《谈美书简》《美学拾穗集》。[①]纵观朱光潜的整个翻译历程,可以明显发现,他的三百多万字译作,约百分之九十都完成于20世纪50年代之后。这就是说,在1949年之前,他虽然也从事翻译,但主要精力却放在自己研究和创造方面;而1949年以后,他固然仍坚持学术研究,但更多的精力却投入到翻译之中。梁宗岱则在1945年至1950年任广西西江学院教务长。1956年到广州中山大学外语系教授法语。1970年,院系调整,梁宗岱调至广州外语学院。"文革"前夕,当他将完成的《浮士德》(上卷)和《莎士比亚十四行诗》译稿准备交付出版社时,一场大劫难突如其来,全部译稿毁于一旦。在他生命最后数年,仍然奋力从事翻译创作。值得一提的是,即使是周作人,除了继续写小品文外,在新中国成立初也开始了他的翻译事业。其翻译选择层面既有介绍希腊、日本远古时期的文化,也有介绍民间文学艺术等等,无不出于自己个人兴趣——童趣与

---

① 钱念孙. 朱光潜——出世的精神与入世的事业[M]. 北京:文津出版社,2004:258.

谐趣,出于"游戏"态度。

和冯至相比,以沈从文、废名为代表的京派代表人物的价值正在于一切以生命为关注点的另类人文立场。当自己的生命都岌岌可危,需要他人来关注时,京派文学创作欲望也就彻底被瓦解了。

第三章　艺术表达内容的差别

　　文学世界观时常受哲学世界的支配或渗透，但它又不能等同于哲学世界观。它一般不是一种概念体系，而是一种感觉体系，这种体系融合着自身阅历、个人判断、个人情感和审美趣味。从罗丹，到里尔克，到冯至，一脉相传的文学世界观使冯至从不止步于自己的成绩，在不断地对自我的否定中，不断追寻诗与美、艺术与人生、现实与自然、感性与理性相统一的诗歌境界。这种追寻的自觉性推动他在诗歌创作的现代化道路上步履坚实地越走越远，这种追寻也使他与京派其他代表作家在艺术表达内容上存在许多的差别。

第一节　对生命的思考

　　在古典诗学传统的现代性转换过程中，对中国新诗来说，冯至的出现具有美学革命的意义。朱自清这样评价冯至："引起我注意的还是他诗里耐人沉思的理，和情景融成一片的理。"① 当我们深层次地理解冯至离开文化习俗、社会人群、随波逐流的时尚等社会活动层面，直接面对的是人作为"终将死去"的有限生存者这一基本情景时，我们才能理解《十四行集》和《山水》的基本主题，才能理解冯至对生命、对生存的思考和追问（这种思考和追问是在文化观念上探寻中国变动的目标和方向），也才能理解他为何在看似没有诗意的地方发现、思索出属于整个人类的哲理。

对于京派大多数作家来说，自己的园地是他们最关心的东西，这也是京派文人群在特定的时间段，在创作中所表现出来的由审美思维进入理性思维所凝聚成的一种文体风格。在京派作家之间，由于自身的原因，其关注程度也是各异的。比如，沈从文称自己是20世纪中国的"最后一个浪漫派"②。《边城》是沈从文长期受压抑的感情的流露，是他唱给自己听，为了让自己的心感动得柔和起来的"情歌"。沈从文对个体生命也有感悟，生命是沈从文所遵循的一个价值准则。"对于一切自然景物，到我单独默会它们本身的存在和宇宙微妙关系时，也无一不感觉到生命的庄严。"③但当沈从文在1949年北平解放前夕对人类命运所进行的思考，却是个人化，不切实际的，与当时整个政治文化生态不相容。大多数

---

① 朱自清. 新诗杂话·诗与哲学 [M] // 朱自清全集第二卷. 南京：江苏教育出版社，1988：334.

② 沈从文. 水云 [M] // 沈从文文集第10卷. 广州：花城出版社，1984：294.

③ 同②，第288页.

京派文人在面临时代革命的冲击，思考生命这一主题时，往往从观念和心理上退居社会边缘。京派文人通过疏远时代、与政治斗争保持一定距离从而获得乃至扩大个人心理自由的空间，来坚持他们"个人主义的浪漫主义"的创作方向。因此，这必然要遭受被社会革命时代冷落的命运。所以，新中国成立后，废名自己就曾不无愧意地表示："我所写的东西主要的是个人的主观，确乎微不足道。"[1] 鲁迅先生曾经于1936年5月在接受斯诺采访时，也把废名归入"无党派浪漫主义"[2]，梁宗岱也思考过这个命题，他说过，一切伟大的诗都是直接诉诸人的整体，诉诸灵与肉，诉诸心灵与功能。这不仅仅是要得到一种美感的愉悦，而是要指引着去参悟宇宙和人生的奥妙。这里所说的参悟，也不仅仅诉诸理智而已，而且要直接诉诸感觉和想象。这种过程，"譬如食果，我们只感到甘芳与鲜美，但同时也得到了营养与滋补。"[3] 参悟宇宙和生命的奥妙，应该可以说是大部分京派作家在文学创作中没有深入意识到的。

回顾冯至1949年以前的创作可看出，他对生命的思考是一个渐进和不断拓展的过程。冯至的童年经验也许是为他文学创作之路开辟了书写生存方式和生命存在的切入点。冯至

---

[1] 废名. 冯文炳选集 [M]. 北京：人民文学出版社，1984：94.
[2] 斯诺整理. 鲁迅同斯诺谈话整理稿 [J]. 新文学史料. 1987(3).
[3] 梁宗岱. 诗与真二集 [M] // 梁宗岱文集（Ⅳ）. 北京：中央编译出版社，2003：99.

早在1930年写过一篇《父亲的生日》，发表在《骆驼草》的第11期，写冯至父亲的为人以及冯至父母深厚的感情，读起来非常感人。[①]冯至乳名立群，由此可见，家族对其期望值是非常高的。冯至的母亲早逝后，继母担负起教育他的职责，但家庭变故却在他心里留下记忆，使得他性格内向，话语不多但又不是沉默寡言，情感热烈、深沉，不大外露。小时放学后，冯至"记忆最深的是每天傍晚独自站在廊檐下望着天空的云朵，按照自己学来的一点地理知识，看一块云形如骆驼的山东省，转眼间又变成长靴形的意大利，这也许就是童年的孤独寂寞吧……眼看着堂兄、堂姊们嘻嘻笑笑地玩这玩那，自己总是站在一边凑不上去。他说，儿时的自卑感就是这样形成的。"[②]童年的孤独寂寞是冯至对生命思考的最初开始。20世纪二三十年代的冯至青春年少、感伤幻美。冯至独特的生存背景与植根于骨的个体性格，使他对孤独感的体认比同一时代许多作家都深刻，在东西方两种文化的影响下，他已经懂得从哲学层面来表现这种体认。作为现代意识的核心之一，孤独感"表现了人对其存在的终极意义之源的困惑与迷惘，显示了人对其存在的最深切的根本的关怀"[③]。我们说，周作人的孤独是文字中的落寞、颓废，笔墨点染处透露某种人生滋味；废名的孤独是于乡间儿女翁姁的叙事中演

---

① 姚可崑. 我与冯至[M]. 南宁：广西教育出版社，1991：31.
② 同上.
③ 解志熙. 生的执著[M]. 北京：人民文学出版社，1999：250.

绎的那份寂静美；沈从文也有过孤独，他表现的是他作为"乡下人"自走上文坛后所走过的道路以及所遭遇的孤独感。沈从文孤独之时，是从改造民族角度寄托他的文学理想。冯至对孤独的体认，其不同之处，是从更深的意义上，揭示了人的觉醒过程和醒来的痛苦。有人把这种心路旅程概括为"孤独→克服孤独→更深的孤独"这样一种宿命式循环，从寻求被爱，到寻求被理解，到渴望别人或者自己去改变人间的冷漠，进而来摆脱孤独，冯至思想中全部的矛盾也是来源于此。在作品中，我们可以看到，冯至善于从现代人所面临的现实与精神矛盾（包括精神追求与现实比较产生的落差、人生憧憬以及现实错位）出发，将五四新文学所蕴涵的人道主义主题拓展到思考整个社会层面的困境以及作为单个个体的人的命运本身。河北教育出版社1999年出版的《冯至全集第一卷》收录的第一首诗歌名字叫《绿衣人》，原载于1923年5月《创造》季刊第2卷第1号[1]，描写的是一个绿衣邮差送信时的外在神态和对收信人的臆测，似乎表达一种对未来的不可知。"怀疑"是这首诗歌的主题，忐忑不安的恐惧心理是通过第三者（既旁观者）的心理揣摩来表述的，是青年冯至对社会、对时代、对生命的思考和否定。等到了20世纪40年代的时候，具有宁静而充满现代气息的昆明重新唤醒了冯至已经沉睡了近十年的创作意识，经过长时间的潜心思考，冯至体验了昆

---

[1] 冯至. 冯至全集第一卷[M]. 石家庄：河北教育出版社，1999：1.

明的自然景物和风土人情。面对国家危难，以及他自身长期的思考、生活的积累与经验的积淀，使得他对个体生命以及人类命运有了一种更深意义上的认识并由此获得普遍意义。正如英国美学史家鲍桑葵说："我们就仿佛为了大自然自身的缘故进入大自然之中，而且只有这样，我们才能在大自然中找到我们的更深刻的自我。"① 冯至到昆明时，已经从赣州的死胡同里走出来，不像过去那么孤单。一到昆明，眼前就呈现出一片广阔的天地。②"那时候，是中国历史发生重大变化，中华民族生死存亡的紧要关头，冯至本人也像是但丁《神曲》开端第一行里所写的'在人生的中途'。我们在昆明的生活，不像国外时那样单纯，也不像在同济时那样单调，而是单纯与单调的反面——丰富多彩。"③1940年10月至1941年11月，冯至在昆明郊区杨家山林场的一所茅屋里，写出《十四行集》，写出《山水》中的部分篇章并编辑了《歌德年谱》。这时候的冯至并非真正意义上的"避世"，而正是在这所茅屋所完成的创作和思想的酝酿，构成了他此后介入社会现实的资源，由27首诗组成的《十四行集》也使得中国现代诗歌第一次具有了"形而上的品格"④。1941年冬天，冯至一家搬回昆明城；1942年冬至1943年春天，完成小说

---

① 〔英〕鲍桑葵. 美学[M]. 北京：商务印书馆，1985：572.
② 姚可崑. 我与冯至[M]. 南宁：广西教育出版社，1991：74.
③ 同②，第87页.
④ 王泽龙. 冯至的《十四行集》[M] // 中国现代主义思潮论. 武汉：华中师范大学出版社，1995：183.

《伍子胥》并开始发表一系列批评类杂文。姚可崑认为，"从《山水》里一类的散文到起始写一些关于现实的杂文，这中间有一个过渡的标志，那就是写于1942年冬至1943年春中篇小说《伍子胥》……在各个章节里'掺了许多琐事，反映出一些现代人的，尤其是近年来中国人的痛苦'。"① 从《伍子胥》的创作时间看，冯至此时正以自己的社会良知对现实人生和国家民族进行思考，中西结合的诗化表达形式传达着他对黑暗现实和苦难中国的同情和理解。在《伍子胥》"后记"中，冯至用美丽的弧对弹性的人生进行了阐述，是对生命存在的"沉思"，是关于变与不变、开始与终结、一个时间段与一瞬间的抽象表述。与京派其他大家（如沈从文）作品里通过爱与死亡的哀戚主题相比较，"沉思"不再仅仅是一种思考的状态，冯至将作为生命存在的"沉思"当做一种回答寂寞、坚守自我的生命方式。冯至的作品更多的是指向一种原初的生存本质，而并非指向民族苦难的历史，在沉思之中，关注生命、应对生活、选择前路、学习决断……20世纪40年代后期，时局的变化也促成冯至的思考方向发生变化，从侧重于思考个体生存方式转变为侧重于思考时代与现实，思考时代与民族。通过支持学生社团、参加演讲、发表激进诗歌等切切实实介入到社会生活之中。从茅屋到街头广场的时空变化，是冯至入世而又与众不同的另一类人生轨迹。思

---

① 姚可崑. 我与冯至[M]. 南宁：广西教育出版社，1991：98.

考方向发生变化后，在哲学框架下思考个体与人类的命运成为冯至生活方式的常态。

无论是作为冯至精神导师的里尔克、歌德，还是冯至本人，他们在对生命的思考中，主体意识是强烈的，这种主体意识不是简单的朝内或是朝外，也不是简单离开个体而融入社会，而是通过完整的个体达到更本身的存在，是一种以个体包容世界的方式来联结个体与世界，渴望"在自身和自身所联接的自然界得到一切"[①]。里尔克注重的是人作为"物"去与物的交融，歌德注重的是在不断蜕变中感受神性的存在。正是他们的影响，使得冯至有这样的诗句"这里几千年前／处处好像已经／有我们的生命"。如果我们仔细分析冯至这种思想形成的线索，就会看到：从里尔克那里，冯至理解了忍耐和在寂寞中前进；在歌德身上，冯至理解了向外又向内的生活；而从他所研究的杜甫那里，冯至领悟到了作为一个诗人，关注时代、关注民生、关注百姓疾苦的伟大意义。此外，对冯至来说，雅斯贝尔斯的影响也是深刻的。雅斯贝尔斯关注的是"交流"。德国波恩大学汉学系主任顾彬（W. Kubin）教授在《大哲学家》中文版序中说："作为诗人和日耳曼学者的冯至在20世纪30年代曾师从雅斯贝尔斯在海德堡学习过，此乃众所周知的事，并且后来冯至在他那动人心弦的美丽的十四行诗中吸收了雅氏有关交流的哲学。……冯

---

① 冯至. 冯至全集第十一卷[M]. 石家庄：河北教育出版社，1999：289.

至的十四行诗乃是雅斯贝尔斯哲学纲要的诗歌形式的转化。这些诗歌同时也在继续吟咏着存在主义哲学的重要思想。处于某一世界之中的人类共同思想，其中个人的失败总是更可能地显现出来。那对交流保持着开放的个人，也会离超验更近些。这一规则适用于每一个人，不论他在东方抑或在西方。正因为此，雅斯贝尔斯在他的'世界哲学'中也极力纳入了中国哲学的内容。基于同样的理由，冯至在他的十四行诗中也尽可能地融入了德国特别是欧洲思想家或艺术家的内涵。谁要是紧随自我的话，这便意味着与他人在交流之中共处，那么他便会成为这样一个人，一个不再区分德国人或中国人的人。"[1]

对于雅斯贝尔斯来讲，很重要的一点是要借助于"交流"，这一思想超越民族和文化的地域主义，进而"获得全人类的、超越所有信仰之上的共同的东西"[2]。从这些层面上说，德语文学博大精深的思想资源拓展了冯至的人文底蕴与选择范围。德国悠久而深厚的哲学思想传统对造就一代"沉思的诗人"冯至决非可有可无。所以，我说冯至对生命思考的拓展有别于京派，也是因为冯至是以崇真的方式进入更广大的世界，这也是形成《十四行集》和《山水》部分篇章的核心所在。

---

[1] 〔德〕卡尔·雅斯贝尔斯. 大哲学家[M]. 北京：社会科学文献出版社，2005：2.

[2] 同上，第6页.

第二节 对中西自然观的体现

法国的葛赛尔所著的《罗丹艺术论》中收录了罗丹这样一句话:"对于自然,你们要绝对信仰。你们要确信,'自然'是永远不会丑恶的,要一心一意地忠于自然"[①]。冯至是这句话的忠实膜拜者,西方对中国古典文学进行研究的学者认为,"由对自然山水的描写向内心的转变,是从6世纪到8世纪时,律诗缓慢发展的组成部分。外在世界此时部分地被看作是精神活动的潜在的客体;律诗的高度范式化的形式,作为一种精神框架来发挥作用,自发地整合了各种不同的内容,并使之构成为艺术作品。新的审美观念与格律诗相联系,不仅有效地形成了诗人的创作态度,而且提供了简洁而确定的形式,使得诗人所追寻的特定的瞬间感受具有了完美的载体。"[②]明代苏浚说:"风光雾月,是吾心太虚真境;鸟语花阴,是吾心无尽生意。"(《鸡鸣偶记》)在中国传统文化观中,个体生命与宇宙万物是互为统一的不可分割的整体,心有灵犀便能感通万物、涵摄万物,这在中国人对待万物的态度上已获得了明证。陶渊明的"此中有真意,欲辨已忘言"与欧阳修的"此中自有忘言趣"告诉我们,面对大自然的美,面

---

① 〔法〕葛赛尔. 罗丹艺术论[M]. 桂林:广西师范大学出版社,2002:2.

② 乐黛云. 北美中国古典文学研究名家十年文选[M]. 南京:江苏人民出版社,1996:53.

对其中的"真意"与"趣",要用心去默默品味。对待大自然的这种开放态度,不仅构成了中国人的生命境界,也养就了中国人乐观自信的民族性格,滋润着中国人不畏惧内心的寂寞孤独,不在乎居处的荒远偏僻,不屈服命运的悲苦不幸,而能始终怀有充沛的激情、健朗的心态,投入到对未来不懈的追求之中。"山"与"水"作为中国风景概念组成部分,其最早的例证见于《论语》,子曰:"知者乐水,仁者乐山。知者动,仁者静。知者乐,仁者寿。""山水"表现风景之意始见于左思(约225—305),其著名的《招隐诗》中有:"非必丝与竹,山水有清音。""发展到后来,自从山水成为中国古典诗歌中的固定术语之后,尽管山和水分别只是风景的一部分,但邻近的环境已经包括在内,已经出现如同顾彬所说的以部分代整体的现象了。"[1]"由于自然越来越成为自我涵养过程关心的焦点,也由于描述自然风物的技术已臻成熟,所以,山水画成为更多的人关注的对象。或许山水画家倾心于运用他们的技巧来满足追求真实细节的需要——这使人想起南宋的赋的作者对他们的辞藻和才学的炫耀,大幅山水的画家试图既显现自然之美又显现他们描摹自然的杰出才能。"[2] 也许正是悟到了真谛,中国文人(包括冯至与京派)

---

[1] 〔德〕顾彬(W. Kubin). 中国文人的自然观顾[M]. 上海:上海人民出版社,1990:11.

[2] 乐黛云. 北美中国古典文学研究名家十年文选[M]. 南京:江苏人民出版社,1996:53.

的心境多来源于对中国传统山水自然观的理解。

冯至与京派作家作品中对中国传统文化的吸收是很明显的。基于西方自然观和中国传统自然观的影响差异，冯至和京派其他代表作家的认知的差异也是很明显的。与牧歌情调的追求有关，京派作家对大自然也怀有特殊的审美感情。就拿废名和沈从文来说，废名、沈从文的作品都追求对自然景色的描绘，追求绘画性，都很讲究作品的清幽意境。这跟我国古典诗歌追求意境一脉相承，他们主张"人与自然的契合"。废名和沈从文都在不同程度上接受过泛神论思想，沈从文在《水云》《潜渊》等文中多次谈到自己有"泛神的思想"和"泛神倾向"及"泛神情感"。《潜渊》中有这样一段文字："美固无所不在，凡属造形，如用泛神情感去接近，即无不可以见出其精巧处和完整处。生命之最大意义，能用于对自然或人工巧妙完美而倾心，人之所同。"泛神倾向促进了沈从文对自然美的抒写和讴歌。沈从文早年作品不是很成熟，但后来那些读起来成熟流畅的作品，能把人带到沅水流域自然风光的怀抱中，使人心旷神怡。返璞归真、皈依自然的倾向使得沈从文在审美感受上善于体验大自然的荒莽清寂和幽静雅秀的光和色，善于与自然景物作情感的交换，善于写山水的灵秀与生命，其感受带有泛神论的气氛，其语言运用趋向于情景交融，步入物我浑一的境界，勾画出自然界庄严淡远的神性和微妙亲切的人情，散发着令人难以参透的幻美。沈从文作品的意境，是荡漾着原始疏野的边地情调的，用他的话来说，就是他有意于从边地风情这口古井中，汲取新鲜透明的泉水。在沈从文有些作品中，写景抒情远胜写人叙事，形成了文中情景交融的和谐境界；而在废名那里，由于对哲学的研究，对庄子思想的研究，以及受中国古典诗词的影响，废名喜欢用唐人写绝句的笔法来创作，喜欢用诗的象征笔法写景。比如，描摹古朴的乡村时常写杨柳，如《河上柳》和《浣衣母》中；他在吟唱人物的青春气息时喜欢写翠竹，如《竹林的故事》；讽刺世俗的时候喜欢写槐树，如《莫须有先生传》；描写理想境界时又往往喜欢写桃树，如《桃园》和《桥》。废名时常把山水小品的笔墨用到小说创作中来，无论是《竹林的故事》中老程家，还是《菱荡》中陶家村，或是《桥》中的史家庄，无不是绿水和修竹，古塔和木桥，菱荡环绕，情景交融，有点类似17中世纪欧洲写生画那种雅致的描写手法。作品既冲淡又幽深，既朴质又华美，是一曲曲风味雅致的田园抒情诗，神往甚至陶醉于大自然的倾向非常明显。相比较来看，冯至与沈从文、废名等的不同表现在：冯至在20世纪40年代创作的《十四行集》《伍子胥》《山水》，是作者沉浸在一片忘机的天真中，获得从尘世之累中解脱出来的精神上的自由及对宇宙、人生的哲理领悟。冯至始终在追寻个体生命怎样获得生命的价值和意义，如何超越个体有限性与宇宙无限的对立，去把握住超越时间的瞬间的永恒之美。其作品本身体现为人与大自然关系完美的结合，这种自由与领悟使其作品中人与大自然的关系愈加融洽。在生命体验与自然意象的融合中，冯至把具有中国传统意义的诗歌自然意象中所蕴涵的一种内在品质与外在的表现形态完美衔接，提升到一个时人无法企及的境界。

  冯至诗歌的自然观虽然有中国传统文化的影响，但在一定程度上也有西方文化的因子。在文学作品所体现的自然观上，冯至受到了歌德的影响。赫尔岑曾认为，歌德"使哲学诉诸自然界，作为自然界的补充，作为哲学的映象。人类靠近大地的场面是极其美丽的，它体现在一些伟大人物的思想中，也就是体现在依偎于母亲大地的怀抱中的思想家——诗人与诗人——思想家的思想中"。这样的诗人和思想家就是歌德。在国家社会大动荡时期，冯至更需要歌德式的博大胸怀，这或许正是为什么即便在颠沛流离的逃亡生活中，冯至也要带着《歌德谈话录》《歌德书信日记选》的原因所在。歌德说大自然"环绕着我们，把我们拥抱在她的怀里""她是举世无双的艺术家——她用最简单的材料造出了一个大千世界，真正是：无斧凿痕、美奂美轮、巧夺天工，且霓裳羽衣，袅袅轻装""运动和发展，是她身上永不枯竭的生命"[①]。"歌德静观、默察，并且，时而在造形艺术里，时而在自然界里，追求着形体，试去体会那描绘或塑造他所审察的作品或对象的作者底意旨。这个在情感底变幻和诗思底意外的创造里能够显出这许多热情，运用这许多自由的人，很乐意变

---

  ① 程代熙. 歌德的格言和感想集[M]. 张惠民译. 北京：中国社会科学出版社，1982：117-118.

成一个具有无穷的忍耐性的观察者；他献身于植物学和解剖学底研究，把所得的结果用最简单最准确的文字记下来。"①歌德大部分优秀的诗是以现实为基础、从特殊到一般的。从特殊到一般，意味着从个别具体的事物中看出普遍的情理，特殊与一般结合，才有较高的诗的意境，那些现实生活中没有实感，语言中没有形象的诗歌，只讲一般空洞的道理，不会有感人的力量。冯至学习了歌德的精髓，他也不仅仅停留在客观地描写风景、叙述事实，而是从小见大，从个别见全部，从有限见无限，从瞬间见永恒。这种精神生动而形象地贯串在一部分优秀的诗篇里，如同歌德的作品，显示出了作为诗的本质从特殊到一般的功能。

在文学作品所体现的自然观上，冯至还受到了罗丹和里尔克的影响。从冯至创作的诗歌来看，他对罗丹的理解是相当深刻的。冯至和美术的渊源比较深刻，使得他对罗丹有一层深沉的亲近感。冯至早在北京第四中学就读时，住在他的九舅家中，"九舅常在业余时间绘山水画，冯至小小的年纪从他那里得到一些绘画史的知识"②。到德国以后，他学习的主科是德语文学，副科是哲学、艺术史。冯至对罗丹的理解，一是通过介绍罗丹的相关资料，二是因为里尔克的影响。众所周知，罗丹的创作标志西方雕刻艺术进入新的阶段，从

---

① 梁宗岱. 诗与真二集 [M] // 梁宗岱文集（Ⅳ）. 北京：中央编译出版社，2003：136.

② 姚可崑. 我与冯至 [M]. 南宁：广西教育出版社，1991：32.

罗丹开始，摆脱模仿，追求神似的风格和主张成为艺术的主流。罗丹美学思想的核心是赞颂生命与自然，按照梁宗岱的说法，"罗丹的灵魂里实在有一种使他几乎浩荡到无名的沉毅，一种沉默超诣的仁慈，一种属于大自然的大沉毅、大仁慈——大自然，我们知道，是赤手空拳去悠闲地严肃地跋涉那到丰稔的长途的。"① 里尔克在罗丹的艺术作坊里义务工作近十年，他不但学会了罗丹孜孜不倦的工作精神，并且把其雕塑石头的眼光和手法转换到创作文学作品中来，把每首诗塑造成如同一座坚定而又生机盎然的雕刻。其结果便是产生了里尔克的《新诗集》。② 遇到罗丹，里尔克完成了自己从早期的主观冥想向客观刻画的"物诗"的转变，里尔克也从大师手下刀凿斧刻的作品中获得了要以文学为材料，构筑富于雕塑感物诗的灵感，正如"有一种普遍的诗歌反映在万物之中。这种说法接近于波德莱尔的思想，那就是存在着一种未发现的、基本的审美或者秩序，诗歌和绘画是其体现，但是，在这种事情上，雕塑、音乐或任何其他审美实现都同样是一种体现"③。当冯至在孤独的境遇时，初始接受里尔克作品并开始了崇拜式欣赏，这是因为一种相见恨晚的心灵感应。1935 年，冯至婚后，到了罗马，在一家美术商店买了

---

① 梁宗岱. 诗与真二集 [M] // 梁宗岱文集（Ⅳ）. 北京：中央编译出版社，2003：216.

② 同上，第 208 页.

③ 〔美〕奥登等. 诗人与画家 [M]. 济南：山东画报出版社，2006：72.

几幅照片（浮雕）。"这些希腊浮雕都成于公元前五世纪，冯至对它们十分钟爱，后来配了镜框，经常悬挂在墙壁上。"①据说冯至购买这些照片是为了更好体会里尔克《献给奥尔甫斯的十四行诗》里面所描写的意象以及场景，这也说明冯至对里尔克语言心灵的尊崇到了无以复加的程度。

当冯至真正理解里尔克后，从罗丹到里尔克再到冯至，便在思想领域有了一种实在意义上的一脉相传。在罗丹和里尔克的影响下，冯至描绘了独特的一种自然观，他坚决反对"把人事掺杂在自然里"。认为不应当以人事的标准去改造甚至扭曲自然的本来面目。人只有去观看、发现以及体认，去领会宇宙之中生命的本质，才能探究到深处的本来面目。本来面目就是一种超越时间之外的恒远的生存状态。冯至1935年写于海岱山的短文《两句诗》，后收入《山水》，里面这样表述人与自然：（里尔克有这样一篇散文，是写他靠着树时，树的精神是怎么样传入他身体内的一种体验。）这不是和自然的融合，而是把自己安排在一个和自然声息相通的地方。②这实际上阐述的是在自然里，作为个体的人的无限境界，是自然与人水乳交融最亲密的那一临界点。冯至厚重的人文底蕴也和罗丹和里尔克的浸染分不开，但不可否认，冯至的自然观有一点新古典主义色彩，在诗歌中，表现为从无形走向

---

① 姚可崑. 我与冯至[M]. 南宁：广西教育出版社，1991：45.
② 冯至. 冯至全集第三卷[M]. 石家庄：河北教育出版社，1999：24.

有形，从自发散漫走向注重情绪节制和形式营造，从形式到内容都趋向完美，所以有这样的诗句："从一片泛滥无形的水里，／取水人取来椭圆的一瓶，／这点水就得到一个定形"。刻意地使用"椭圆"的字眼，是因为在美术家或者雕塑家的眼睛里，"椭圆"比"圆"更具有美感，更完美，冯至的自然观并没有将自然与历史，将自然与文化对立。这又有别于京派，也是京派其他一些代表人物所不及的。

　　冯至及京派其他代表作家均置身于新旧冲突趋于缓和、新文化内部开始调整的语境中，在空间维度的中西问题上，他们的文化选择表现在对民族文化有强烈的认同感；在时间维度的古今问题上，重视发掘古典文化艺术精神，移西方现代派之花，接中国传统文化之木。只不过在这种语境中，有的作家清醒地看到现代化进程中工业文明与人性的目标相悖，与诸多文化和道德价值相悖，看到了现代化进程带来的人性缺失，于是在创作中表现出对峙态势，抒写健康优美的人性，批判现代都市文明；有的作家的创作则是与当时现实生活和思想相联系，但又与现实斗争生活的主流拉开了一定的距离，从内心的生活思考出发，从生命体验的思绪出发，从另一种角度切入民族的未来建构。

第二编

冯至的哲学世界

陈洪捷先生在其所撰《德国古典大学观及其对中国大学的影响》（北京大学出版社，2006）一书中，论述了德国19世纪大学观念的核心概念是"修养、科学、自由和寂寞"。陈洪捷认为蔡元培在北大改革的教育实践，是完全接受德国古典大学观的真实写照。

从早期的辜鸿铭（1857年7月至1928年4月30日，1877年左右，曾经在德国莱比锡大学等高校学习、研究文学及哲学）到蔡元培（1868年1月至1940年3月5日，1907年左右，在德国莱比锡大学学习和研究心理学、美学、哲学等），再到宗白华（1897年至1986年12月20日，1920年左右，在德国法兰克福大学、柏林大学学习哲学、美学等）和冯至，留德学生形成了代际变迁。蔡元培等人借助德国大学思想资源确立了中国现代大学制度，冯至等人则开创了日耳曼学。以日耳曼学作为纽带，德国文化进入了现代中国。

虽然和其他国家相比，像冯至一样的留德学人在数量上偏少，但他们在现代中国扮演了重要角色，在对德国文史哲的接受中产生了重要的文化史意义，当我们探讨冯至的人文世界时候，作为哲学的国度，德国哲学是理所应当的话题。

第四章　从北大到哈尔滨（1921—1930）：
人文浸染

1921 年，冯至考入北京大学（当时学制六年，预科两年，本科四年），先在预科学习。[①]1923 年升入德文系本科，一直到 1927 年，从北京大学毕业。北大岁月，留给冯至的是他自己所说的回味无穷的"乡愁"。他说，"在北大独特的风格与民主气氛的熏陶下，我的思想渐渐有了雏形，并且从那里起始了我一生所走的道路。雏形也许是不健全的，道路也许是错误的，但我却从来没有后悔过。"北大的人文环境给冯至的人生打下坚实的基础，其后续理想人格的形成与北大岁月是密不可分的。

北大毕业后，冯至本想去北京孔德学校教书，比他年长的杨晦（冯至兄长般的终生挚友。）劝他"到艰苦，甚至黑暗的地方去，好好地锻炼锻炼"[②]。于是，冯至去了哈尔滨

[①] 冯至. 冯至全集（第十二卷）[M]. 石家庄：河北教育出版社，1999：622.

[②] 冯姚平. 给我狭窄的心，一个大的宇宙：冯至画传 [M]. 南昌：百花洲文艺出版社，2015：18.

第一中学授课。1927年12月31日，他在给杨晦的信中说，"我们几人的近况实在是沉闷得要死；岁月悠悠，真应该做一点切实的事了。……我在这里真是同死亡一样，不复有人生意义。"

哈尔滨时期是冯至人生中一段具有特别意义的人生时期，他这一阶段创作的《北游及其他》是在创作《昨日之歌》和创作《十四行集》之间的一部诗集，也是其诗学发展历程中具有特别意义的系列作品。有研究者认为，"无论是风格还是思想，都具有一种过渡性质。"[①] 至于所谓诗学发展历程中过渡的时间，应该还包括北大学习时期和哈尔滨这段工作时期，冯至说自己，"在那里接触到黑暗冷酷的现实，大学时期本来就十分空洞的幻想终于破灭。虽然如此，我还是用了浪漫主义的笔，蘸着世纪末的墨汁，抒发了个人在这不东不西、畸形怪状的大城市里的种种感触，写出五百行长诗《北游》。"这之后，他"怎么也写不出新的境界"。通过分析《北游及其他》，我们能够触摸到这一时间段冯至内心世界及其所受人文浸染。

《北游及其他》是一种转型，哈尔滨生活给冯至带来的是心灰意冷，但留下了内核无限的诗行。笔者认为，《北游及其他》虽然写于北大岁月结束前后，但应该是青葱岁月中冯至思想的总结。学者吴武洲认为，其表达的是放逐者的诉

---

① 杨蓉蓉. 分裂与挣扎——从《北游及其他》看冯至的创作 [J]. 乐山师范学院学报，2006，21（7）：32.

求与追索，是一种转型。笔者认同这种观点，而且认为《北游及其他》既是人文浸染在这段时间结的果，同时也是一种全新写作方式的实践，是文学创作的探索。

《北游及其他》的第一辑《无花果》写作时间在 1926 年秋至 1927 年夏之间，也就是冯至去哈尔滨前所作。从《北游及其他》第二辑开始，冯至的诗作已经有别于前期，在他的描述里，其眼光，已扩展到对世界范围内人类活动的新探索，已经深入到个人人生追求的多个层面。诗歌的广度和深度都得到拓展。冯至诗行下的哈尔滨颓败残破，在第九章《礼拜堂》中，诗人说"巍巍的建筑好像化作了一片荒原"；在第八章《中秋》中，诗人说"这里的人把猪圈当作乐园，让他和他的子孙同归腐烂"；在《公园》中，诗人说，"我只能这样呆呆地张望，望着市上来来往往的人们，各各的肩上担着一个天大的空虚，此外便是一望无边的阴沉，阴沉……"在"地狱"哈尔滨，精神的荒芜，浑噩与死亡的主题让我们能够感受到英国诗人托马斯·艾略特在《荒原》中所表达的在"炼狱"伦敦所产生的共鸣，同样表达面对现代工业文明和现代人生的痛苦和无尽的失望。艾略特是从普遍性经验出发，而冯至是从个体感受出发。在《礼拜堂》中，诗人说"上帝已失却了他的庄严……你（教堂的钟声）既不能增长他们的悲哀，也不能助长他们的欢弃：更有人要把你熔化。"冯至没有直接喊出"上帝死了"，但我们在这里看见了尼采的启发，看见了陀思妥耶夫斯基《死屋手记》的影子。当然，在《北游及其他》中,并不是西学弥漫了全章,传统文化对冯至的浸染依然清晰可辨,比如在《中秋》中的诗行中,写苏俄人"在风雪里挣扎,为了全人类作那勇敢的实验",这是中秋之夜抒怀,也是叹发屈原《离骚》般的感慨。在《礼拜堂》中的诗行中,写"到处都是病的声音",这是感叹宗教与世事无常,也是鲁迅笔下思想启蒙者形象的勾勒。《野草》是伴随着鲁迅情绪的变化而创作的,冯至的《北游及其他》也是走的这条路径,《北游及其他》第三辑成型的时候,伤感绝望的情绪已经式微。《北游及其他》还有很多值得研究的空间,在整个创作的过程中,冯至是在把自己人生理想的横杆不断升高。到1932年11月,冯至读歌德等人的诗多了的时候,他已经开始在反省原有的创作。

第一节 不可忽视的节点:
遇见北大与蔡元培

从五四运动至20世纪40年代,哲学伴随着西学东渐在国内形成传播高潮。在1919年至1923年之间,先后有三位西方著名哲学家访华讲学,他们是杜威(美国实用主义哲学家),罗素(英国逻辑实证主义哲学家),杜里舒(Hans Driesch,德国生机论哲学家)。现在看来,在中国20世纪哲学、文化史上,这三位哲学家讲学时间之长,对国人影响之深远，是绝无仅有的。1920年秋，在赴美国和欧洲考察高等教育之前，思想家、教育家、政治家，蜚声中外的蔡元培曾应湖南省各界之邀，与罗素、杜威等同往长沙，举行学术讲演会。他作了七次讲演，演说词记录稿在长沙各报披露后，曾由湖南省教育会辑为《学术讲演会名人讲演集》。1921年冬，他在赴欧途中，将已发表的记录稿重加修改，寄回北大，由《北京大学日刊》陆续刊载"①。这七次讲演的题目分别是《何谓文化》《美术的进化》（该讲演曾发表于《东方杂志》第17卷第22号）《美学的进化》《美学的研究方法》《美术与科学的关系》（上述3篇讲演曾发表于《绘学杂志》第3期）《对于师范生的希望》和《对于学生的希望》。杜威等人和蔡元培掀起了一股哲学与文化传播的热浪，与此同时，"在五四运动及其以后一段时间里，在进化论思潮澎湃之后，在西方哲学传播上相继出现了三个热点，即康德热，尼采热与柏格森热"②。"1924年4月22日是康德诞辰200周年，为了纪念这位伟大的德国哲学家，当时《学艺》与《民铎》两个颇有影响的学术刊物，分别出了《康德专号》，在《学艺》上发表20篇文章，对康德哲学各部分分门别类作了阐释和评论。在《民铎》上发表15篇文章，着重对康德哲学

---

① 蔡元培. 蔡元培全集第四卷[M]. 高平叔编. 北京：中华书局，1984：11.
② 叶秀山，王树人. 西方哲学史（学术版）第一卷[M]. 南京：江苏人民出版社，2004：399.

体系的整体与核心内涵作评述。此外，一些报刊，如《学灯》《晨报》等也都以显著位置发表了纪念康德的文章。这样，在当时中国哲学界，确实掀起一股空前的康德哲学热潮。"[①]康德哲学热潮只是众多西方哲学大家在当时的中国被传播的一个缩影。梁漱溟在民国十年（1921）的演讲中说，"大约自从杜威来到北京，常说东西文化应当调和；……后来罗素从欧洲来，本来他自己对于西方文化很有反感，所以难免说中国文化如何好。……后来梁任公从欧洲回来，也很听到西洋人对于西洋文化反感的结果，对于中国文化有不知其所以然的一种羡慕。所以梁任公在他所作的《欧游心影录》里面也说到东西文化融合的话。于是大家都传染了一个意思，觉得东西文化一定会要调和的。"[②]

在这种文化传播抑或教育传播背景下，1921年，冯至考入北京大学。蔡元培是在1916年至1927年间任北京大学校长，革新北京大学，开"学术"与"自由"之风。当年傅斯年曾经说："中国早年学制是抄日本的，即间接抄德国的。"[③]傅斯年这样的说法是有所指的，也是一定道理，但是具体到某个教育家的办学思路，则在相当大程度上取决于教育家本

---

① 叶秀山，王树人. 西方哲学史（学术版）第一卷 [M]. 南京：江苏人民出版社，2004：415.

② 梁漱溟. 东西文化及其哲学 [M]. 北京：商务印书馆，1999：11.

③ 马亮宽. 傅斯年教育思想研究 [M]. 沈阳：辽宁教育出版社，1997：160.

人的性情、理念与抉择。蔡元培于北大，就是如此。冯至回忆："因为那时，在北大独特的风格与民主气氛的熏陶下，我的思想渐渐有了雏形，并且从那里起始了我一生所走的道路。"[①] 冯至的本科阶段是在德文系就读，他说他自己"同时也进修国文系的课程，得以中西比较，互相参照。蔡元培提倡美育，在学校里建立画法研究会、书法研究会、音乐会，我有时听音乐演奏，参观书画展览，开拓了眼界。懂得一点艺术，接受一点审美教育，对于学习文学是有所裨益的"[②]。冯至留学德国后，除了攻读文学、哲学外，他还选择了艺术史，这或许与他在北大所受到的影响是相关的。早在1920年10月20日，蔡元培就说过，"现在全国没有一样关于美术的东西，说到美学、美术我们都不敢开讲。这些材料，无论真本或摹本，我都要采集一点。"[③] 他认为中国人美学的萌芽是很早的，"中国的《乐记》《考工记》《梓人篇》等，已经有极精的理论。后来如《文心雕龙》，各种诗话，各种评论书画古董的书，都是与美学有关"[④]。但他同时认为当前没有人能综合美学各个方面的知识，系统地进行组织，所以在大学还没

---

① 冯至. 冯至全集第四卷[M]. 石家庄：河北教育出版社，1999：419.

② 同上.

③ 蔡元培. 蔡元培全集第三卷[M]. 高平叔编. 北京：中华书局，1984：451.

④ 蔡元培. 蔡元培全集第四卷[M]. 高平叔编. 北京：中华书局，1984：20.

有建设美学。1916年12月21日,蔡元培到江苏省教育会进行以《教育界之恐慌及其救济方法》为题的演讲,他说:"美术之种类,凡图案、雕刻、建筑、文学、演剧、音乐,皆括之。叔本华氏则注重诗歌,凡尔耐尔氏则注意演剧,别格逊氏则注意时间与音乐。就我国言之,周之礼乐,实为美术之见端。嗣是,如理学家之词章,科举时代之词章书画,皆属美术之一种。"[①] 后来,在谈及美术的分类时候,他还说,"美术有静与动两类:静的美术,如建筑、雕刻、图画等。它占空间的位置,是用目视的。动的美术,如歌词、音乐等,有时间的连续,是用耳听的。介乎两者之间是跳舞,它占空间的位置,与图画相类;又有时间的连续,与音乐相类。"[②] 其实,北大开设有美学及美术史类课程,但是,唯有近代教育先驱叶浩吾讲授《中国美学史》,没有人讲授美学,也没有人肯讲授美学。1921年秋,蔡元培开始在北京大学讲授《美学》课程,同时开始撰写《美学通论》,课程讲授了十年,后来"因足病进医院停止"。(《我在北京大学的经历》)。1927年,冯至是在蔡元培不断宣扬美的氛围中结束北大学习的。1928年4月16日,西湖国立艺术院开学,蔡元培在当天的开学演说词中,深谈国人艺术素养与民族性格形成的内在联系,他

---

① 蔡元培. 蔡元培全集第二卷[M]. 高平叔编. 北京:中华书局,1984:498.

② 蔡元培. 蔡元培全集第四卷[M]. 高平叔编. 北京:中华书局,1984:16.

说:"艺术能养成人有一种美的精神,纯洁的人格。艺术美,照日本人译来的西洋语有两种:一是优美,一是壮美。优美能使人和霭,安静,对于一切能持静,遇事不乱,应付裕如。壮美使人有如受压迫,如瞻望高山,观览广洋狂涛,使人感到压迫,因而有反抗,勇往直前,一种大无畏的精神,奋发的情感。法国在优美之中养育,故不怕一切,虽强兵临于巴黎近郊,而仍能从容不迫,应付敌人。德人则壮美,他们做事,一往直前,气盖一世。我们北伐军必须有这两种精神,才能一切胜利。现在北伐军中有艺术科,也就是想以艺术精神来陶养军人,使他们有美的、纯然无私的勇敢精神,使北伐胜利。"[1] 蔡元培站在美学的角度,对法国和德国的国人性格进行了精细化分析,这在当时也是开先河的,影响了部分留学生对前途的选择。其实有一段时间,蔡元培对美术和美学的概念似乎一度有所错位,这也许是听者误传了他的理念。比如,1930年12月的时候,蔡元培在《现代学生》上撰文,他提出:"我向来主张以美育代宗教,而引者或改美育为美术,误也。我所以不用美术而用美育者:一因范围不同,欧洲人所设之美术学校,往往止有建筑、雕刻、图画等科,并音乐、文学,亦未列入。而所谓美育,则自上列五种外,美术馆的设置,剧场与影戏院的管理,园林的点缀,公墓的经营,市乡的布置,个人的谈话与容止,社会的组织与演进,凡有美

---

[1] 蔡元培. 蔡元培全集第五卷[M]. 高平叔编. 北京:中华书局,1984:219.

化的程度者,均在所包,而自然之美,尤供利用,都不是美术二字所能包举的。二因作用不同,凡年龄的长幼,习惯的差别,受教育程度的深浅,都令人审美观念互不相同。"当蔡元培"以美育代宗教"说开创了中国当代美育的新篇章时,冯至已在异国开始他的艺术熏陶之旅。

在冯至考入北京大学预科的当年,北京大学的教授给他上的第一课是对自由和独立精神的追求,是对北洋军阀政府的反抗。1921年3月1日,北大教授开始罢教。"由于政府在过去的三个半月里未向学校提供经费,北京市所有国立大专院校的教授们再次罢教。北京8所国立大专学校的月预算总额实际上仅仅20万元,但是政府拒绝支付。(见《时事纪要》,1921年4月20日《教育杂志》13卷4期,第2—6页。)这次罢教持续了几个月,发展成为一场"教育基金独立运动"(固定和保证教育经费在政府预算中的份额)。6月3日,8个院校的教授在代理教育总长的陪同和上千名学生的跟随下,步行至徐世昌总统的官邸交递请愿书。他们在总统府门前被拦阻,并遭到总统武装警卫的殴打和射击。(见《时事纪要》,《教育杂志》13卷7期(1921年7月20日)第3页。又见马叙伦《我在六十岁以前》第72—75页。马是当时8校教师联合会的主席,也是受伤者之一。)许多教授和学生受了重伤。经过一些有影响的人士的斡旋,以及政府为北京国立学校在银行设立了一个200万元的特别教育基金账户之后,罢教于 6 月 28 日结束。①1921 年 10 月 11 日，蔡元培在《北大一九二一年开学式演说词》中说："今年本校经过一番大风潮，或有不能开学之势。今日尚可以开学，我们不能不认为幸事。""学生在学校内，既要有活泼进取的精神，又要有坚实耐烦的猜神。有第一种精神，所以有发明、有创造。有第二种精神，利害不为动，牵制有不受，专心一志，为发明创造的预备。这些精神，并非全恃天然，可以养成。如法、美民族本偏于活泼，然而未尝不坚忍。英、德民族偏于坚忍，然而未尝不活泼。体育与美育，皆养成此等精神的作用，是诸位应该注意的。"②蔡元培在演讲中对法、美、英、德等国的民族精神进行了比较，阐述了国人培养民族精神的重要。若干年后，在空袭的警报声中，在昆明杨家山，冯至用十四行忆起蔡元培。

你的姓名常常排列在
许多的名姓里边，并没有
什么两样，但是你却永久
暗自保持住自己的光彩

我们只在黎明和黄昏

---

① 〔美〕周策纵. 五四运动史[M]. 长沙：岳麓书社，1999：376.

② 蔡元培. 蔡元培全集第四卷[M]. 北京：中华书局，1984：94.

认识了你是长庚,是启明
到夜半你和一般的星星
也没有区分:多少青年人

赖你宁静的启示里得到从
正当的死生。如今你死了
我们深深感到,你已不能

参加人类的将来的工作——
如果这个世界能够复活,
歪扭的事能够重新调整①

蔡元培（1868 年 1 月 11 日至 1940 年 3 月 5 日）

诗歌字数较少,文字比较通俗,但是,其深藏的内蕴,却绵长悠久,我们能够读出蔡元培对冯至刻骨铭心的影响,也能够读出冯至对蔡元培厥功至伟的高度评价。十四行诗之妙在于巧妙和独特的运用双关语,莎士比亚在他的十四行诗中运用得非常娴熟,到了冯至笔下,已到了独具匠心的地步,通过诗歌表

---

① 冯至. 冯至全集第一卷 [M]. 石家庄:河北教育出版社,1999:225—226.

现的持续力和深刻性，冯至心中的蔡元培，在文字的流泻中给读者留下了无限想象空间。

1988年1月11日，是蔡元培诞生120周年纪念日，冯至以《但开风气不为师——记我在北大受到的教育》为题，深情缅怀了那段岁月，高度肯定了蔡元培的教育思想。

第二节 若隐若现的引导：德语文学的影响

1903年，里尔克孤独地在法国国家图书馆读书时，他将自身感受以象征形式总括："哦，这是多么幸福的命运，在继承的房屋一间安静的小室里坐着，陪伴着默不作声、纹丝不动的东西；在户外娇小、翠绿的一花园里聆听第一批山雀初试歌喉和远处村庄里飘来的钟声，坐着凝视一抹温和的午后阳光，……我想，我也会成为这样一位诗人，要是我能在某处居住，在世上某个地方，在无人照管的那许多关门上锁的别墅里找一所居住的话，那样我就会只使用一间房间……"[①] 这位以沉思的形象屹立于文坛的诗意哲学家，"不但和卡夫卡、霍夫曼斯塔尔等人一起使得本世纪初的德语文学发出熠熠异彩，而且与乔埃斯、艾略特、瓦雷里等人携手开辟了人类思想的新天地。……里尔克最本原、最重要的体

---

① 〔德〕汉斯·埃贡·霍尔特胡森. 里尔克[M]. 北京：三联书店，1988：122.

验是在喧嚣尘世间的孤独感"①。哲学与孤独是孪生兄弟，里尔克是在孤独中憧憬，未名湖畔的冯至似乎也是这样一种心情。1924年1月，他在致杨晦的信中说："慧修！我要改变我的生活，改变我的一切！——今早读《维特烦恼》，心又为之战栗了；初到wahlheim的维特，又何尝不想改变他的生活，他的一切！他的成功方面，我固是望尘莫及；但是他失败方面，我早已为之惴惴了！"②冯至在致杨晦的信件中，对这段初入北大读书岁月多有描述，在1924年9月16日的信件中，他说："我在病中读完了邓南遮（意大利作家）的关于兄妹爱的《死城》的德译本。"③在河北涿县，"夜四更了，又下了（上午）雨，非常的寒。涿县也'拉扶'，街上寂静极了，我联想起德国象征派Dehmel（戴默尔，笔者注）的《静市》一诗。那首诗，非常得好，《近代文学十讲》虽译出来，可惜译得太糟了。"④1924年10月，冯至从河北回到北京，在10月3日的信件中，他说："无意中，买到了几本好书，"Zarathustra"（指尼采的《查拉图什特拉如是说》），希腊传说，一本浪漫时代非常好的小说，荷马字

---

① 〔德〕汉斯·埃贡·霍尔特胡森. 里尔克[M]. 北京：三联书店，1988：1.

② 冯至. 冯至全集（第十卷）[M]. 石家庄：河北教育出版社，1999：4.

③ 同上，第22-23页.

④ 同上，第24页.

典，以上都是德文的。"[1] "我们下礼拜一就上课，我们都拟同读 Brandes（勃兰兑斯）。"[2] 对德国文学偏爱的同时，在当年 10 月中旬的信件中，他说，"我这学期，选的美学功课很多，什么西洋美术史，中国美术史，都选了。……徐志摩也来北大教课了。"[3] "德文系有一门 Minnesang（中世纪的 Lovesong），很有趣味"。[4] "这年鲁迅给我们讲厨川白村的《苦闷的象征》，比小说史有味道得多了！我又托教员写信到欧洲去买书，书都是非常好的。"[5] 在大量阅读的同时，比较视野慢慢在冯至心中形成。1924 年 11 月 9 日，他在信件中说："说起来，越读西洋的作品，越使人看不起现代的作家了！时局的纷扰，生活的不安，处处使人的精神堕落。有时候读到天才的作品，有时候，望那夜半的云月、它们真是终古长新。"[6] "1924 年 11 月 30 日，他在信件中说："我一个人跑到顺治门小市去看旧书去，遇见达夫披着日本的幔斗，也在那儿盘桓。他说他要写一篇明末的长篇历史小说。我随便买了一本 Liliencron（李利恩克龙，德国诗人，笔者注）的小说。他约我到他家喝了一点白干。归来正是斜阳淡染林梢，

---

[1] 冯至. 冯至全集（第十卷）[M]. 石家庄：河北教育出版社，1999：25.

[2] 同上，第 26 页.

[3] 同上，第 28 页.

[4] 同上，第 30 页.

[5] 同上，第 31 页.

[6] 同上，第 36 页.

新月如眉，醺醺欲醉了。"① "1924年12月23日，他在信件中说："我正在读葛德同希莱尔的通讯集（非常有趣，三大本）。"② "1925年2月21日，他在信件中说："我在近来没有多大希望，只是想把德文根基弄深一点。此外再读一点有系统的书，如科学大纲、文学概论、心理学之类。因为日觉空疏。"③ "1925年4月19日，他在信件中说："德国文学中"make you strong"的文字太多了，于我都似乎发生不了什么影响。我爱的还是那几位少见的薄命诗人 HOlderin, Lenau, Heine……"④ 在对德语文学的阅读中，我们可以发现冯至关注于自己德文根基的培养，关注于自己基于兴趣的选择性阅读和吸收。

按照现有史料，郭沫若1921年发表的《女神》，拓展了冯至诗歌创作的眼界。也正是通过郭沫若，冯至开始了解德国文学。1925年，冯至创办的《沉钟》杂志，得名于德国著名剧作家霍普特曼（1862年11月15日至1946年6月6日）同名剧本（Die versunkene Glocke，1896年）。霍普特曼于1912年获得诺贝尔文学奖，知名度高，《沉钟》也介绍德国文学，从《沉钟》杂志的命名，我们可以看到杂志创办者想表达的象征意义。美国汉学家张错（Dominic Cheung）、汉

---

① 冯至. 冯至全集（第十卷）[M]. 石家庄：河北教育出版社，1999：40.
② 同上，第43页.
③ 同上，第51页.
④ 同上，第57页.

学家朱丽娅·林（Julia Lin）均认为，早期冯至与德国现代派是一致的。捷克汉学家高利克则认为早期冯至与德国浪漫派取得一致[①]。这均说明，德国文学对冯至的影响已经很深。"1925年9月27日，冯至在给杨晦的信件中说："你还记得我们有一天晚上找清独吗，在路上谈着我的一个在德国的叔叔（冯文潜），……他现在回国了——短期的——我回家见到了他，他介绍我好几个德国近代的诗人……"[②] 冯文潜先后留学美国和德国，研究的是美学和哲学。冯至在他那里，第一次读到里尔克的《棋手》，看到了格奥尔格和荷尔德林的诗集。由此可见，冯至与德国文化的姻缘，从一开始的时候就已经注定。也许，在他人看来，冯至的这种兴趣，只是因为他的性格和兴趣使然。今天看来，作为时代青年的冯至，他的目的还是为了解决人生深层次的问题，是为了解决所处的时代问题。德国汉学家顾彬在自己的研究中认为，"许多中国青年在1919年五四运动前后，也试图用德国思想对中国进行变革"[③]。事实也是如此，按照后来的统计，在德国学习的留学生回国后相当大部分在教育界工作，为中国教育事业的发展作出了很大贡献。

[①] 〔捷克〕马立安·安利克. 中西文学关系的里程碑（1898—1979）[M]. 北京：北京大学出版社，1990.

[②] 冯至. 冯至全集第十卷[M]. 石家庄：河北教育出版社，1999：63.

[③] 转引自叶朗. 美学的双峰——朱光潜、宗白华与中国现代美学[M]. 合肥：安徽教育出版社，1999：378.

冯至留学德国愿景的形成应该是一个渐进的过程，1930年4月12日，冯至在致杨晦的信中说："我们的'周刊'定于下月5日出版。名称叫做《骆驼草》。……我很高兴，为想恢复当年办《沉钟》时的精神起见，我想到市场上去买一顶学生便帽了。这刊物如果能办得有声有色，我德国都不想去了。"①《骆驼草》创办后，负责编辑和发稿校对的是废名和冯至。《骆驼草》以旁观的态度面对社会现实，其所呈现的纯文艺倾向，以及作为学院派刊物的那份矜持对后来的《水星》《文学杂志》都或多或少的有一定影响。冯至参与创办《骆驼草》的过程，使他与京派文人群的部分成员结下了不解之缘。在早期的时候，《骆驼草》也许是冯至生活中的全部，但是期刊在发行过程中的不理想，很快就粉碎了冯至和废名的梦想。1930年11月3日，《骆驼草》停刊，仅出26期。和当时的许多有志青年一样，冯至思考了这样一个问题，即建设中华、改造社会，就必须借助外来的思想武器与文化资源。

《北游及其他》第一辑《无花果》作品一览表

序号	作品	原载期刊
1	《无花果》	原载1928年11月29日《新中华报·副刊》第6号
2	《湖滨》	原载1928年12月16口《新中华报·副刊》第22号

---

① 冯至. 冯至全集第十卷[M]. 石家庄：河北教育出版社，1999：106.

续表

序号	作品	原载期刊
3	《芦苇歌》	原载 1926 年 12 月 26 日《沉钟》半月刊第 10 期
4	《迟迟》	原载 1926 年 12 月 11 日《沉钟》半月刊第 9 期
5	《园中》	原载 1928 年 11 月 25 日《新中华报·副刊》第 2 号
6	《我只能……》	原载 1928 年 11 月 28 日《新中华报·副刊》第 5 号
7	《雪中》	初收《北游及其他》
8	《什么能够使你欢喜》	原载 1929 年 1 月 25 日《华北日报·副刊》第 19 号
9	《给盲者》	原载 1929 年 3 月 11 日《华北日报·副刊》第 42 号
10	《墓旁哀话》	原载 1928 年 12 月 14 日《新中华报·副刊》第 20 号
11	《桥》	原载 1929 年 1 月 9 日《新中华报·副刊》第 40 号
12	《遇》	原载 1928 年 12 月 2 日《新中华报·副刊》第 9 号
13	《希望》	原载 1929 年 1 月 4 日《新中华报·副刊》第 44 号
14	《饥兽》	原载 1929 年 2 月 2 日《新中华报·副刊》第 58 号
15	《自杀者的墓铭》	初收《北游及其他》
16	《春愁》	原载 1928 年 12 月 5 日《新中华报·副刊》第 12 号

《北游》长诗原载 1929 年 1 月 6—17 日《华北日报·副刊》第 3 至 12 号，共十三章，署名鸟影。

《北游及其他》第三辑《暮春的花园》作品一览表

序号	作品	原载期刊
1	《黄昏》	原载 1929 年 4 月 1 日《华北日报副刊》第 50 号
2	《十四行诗》（译 Arvers 诗）	原载 1929 年 1 月 21 日《华北日报·副刊》第 15 号

续表

序号	作品	原载期刊
3	《一盆花——送给一个独身的女人》	原载1929年1月23日《华北日报·副刊》第17号
4	《艰难的工作》	原载1929年1月16日《新中华报·副刊》第46号
5	《听——》	原载1929年3月8日《华北日报·副刊》第41号
6	《思量》	原载1929年3月18日《华北日报·副刊》第44号
7	《思量》[①]	
8	《夜半》	原载1929年4月8日《华北日报·副刊》第53号
9	《晚步》	原载1929年4月24《华北日报·副刊》第60号
10	《花之朝》	原载1929年4月29日《华北日报·副刊》第62号
11	《月下欢歌》	原载1929年1月31日《华北日报·副刊》第24号
12	《暮春的花园》	原载1929年5月6曰《华北日报·副刊》第65号
13	《南方的夜》	原载1929年7月13日《华北日报·副刊》第112号
14	《十字架》	原载1929年7月13日《华北日报·副刊》第112号
15	《秋》（译H. Leuthold 诗）	原载1929年5月22日《华北日报·副刊》第72号
16	《我的爱人》（译Waclaw RoLicz-Lieder 诗）	原载1928年12月24日《新中华报·副刊》第29号
17	《生命的秋天》（译Waclaw RoLicz-Lieder 诗）	原载1928年11月24日《新中华报·副刊》第1号

① 按照《冯至全集》第一卷原文，作者写了两篇《思量》。

第五章 从中国到德国（1930—1935）：哲学思考

1847年，清代的第一批留学生容闳、黄胜、黄宽从广州港扬帆启航，远赴美国留学，开始了中国人的留学梦。在历史上各个不同的时期，留学生对中国现代化进程都有或多或少的影响。有学者认为，"纵观一百多年来的中国留学生，不同的时代环境影响了他们彼此相异的历史性格。如果将他们划分成若干代，则可看出，每一代留学生各有其时代所赋予的历史特点和风貌；同时，每一代留学生对其所处时代和环境所释放出的能量亦不尽相同。易言之，不同代的留学生具有不同的时代使命和道德责任感；不同代的留学生具有不同的知识结构、价值观念和行为方式。这一切将对他们在其所处的时代所扮演的历史角色上产生程度不一的影响。"[①]

20世纪20年代后期，中国和德国的关系开始缓和。"1921年5月20日，《中德协约》在北京签署，两国恢复外交关

[①] 王奇生. 留学与救国——抗战时期海外学人群像[M]. 桂林：广西师范大学出版社，1995：2.

系"。① "自1928—1933年，是双方关系的初步发展阶段。1927年南京国民政府建立后，蒋介石在积极依靠美国、日本的同时，也十分注意联络德国，以寻求德国的军事支持，稳定本身的政治、经济统治。而德国在经受了第一次世界大战失败的沉重打击之后，利用大国间的矛盾，使德国经济迅速恢复起来，并逐渐解脱凡尔赛和约的束缚，再次向外扩张。"② 经济驱动了政治，"1929年2月1日中国驻德公使蒋作宾在柏林向兴登堡总统递交国书。"③ "在国民党政府统治中国大陆期间，中国的三个主要合伙国中——依年代的顺序它们分别是苏联、德国和美国——与德国的关系在许多方面是最真诚的，彼此也十分满意。它也是这样一种关系：即相对于这种关系中的其他因素而言，两种文化和经济之间的交往显得最为重要。"④

北大校长蔡元培代表了早期留学德国的学子形象。1907年7月，蔡元培赴德国留学。当时，蔡元培是自费去德国游学，游学程序中包括请清廷学部发给德国咨文，他在表述自己留学的理由中说："现拟自措资费，前往德国，专修文科之学，并研究教育原理及彼国现行教育之状况。至少以五年

---

① 潘琪昌. 百年中德关系 [M]. 北京：世界知识出版社，2006：335.
② 〔美〕柯伟林. 德国与中华民国 [M]. 陈谦平等译. 南京：江苏人民出版社，2006：2.
③ 同①，第337页.
④ 同②.

为期。冀归国以后，或能效壤流之助于教育界。"① 从 1908 年到 1911 年，蔡元培入莱比锡大学听课，研究心理学、美学、哲学等学科。对于为什么要研究哲学的理由，我们可以从蔡元培翻译科培尔（·德国学者）的《哲学要领》中寻找答案。1930 年 9 月，《哲学要领》由商务印书馆出版。科培尔曾经在日本文科大学授课，在此书中，科培尔说："今世治哲学者，不可以不通德语，此非余德人之私言也。各国之专攻哲学者，深谙德语者，无不云尔。其理有三：一、哲学之书，莫富于德文者；二、前世纪智度最高学派最久诸大家之思想，强半以德文记之；三、各国哲学家中，不束缚于宗教及政治之偏见，而一以纯粹之真理为的者，莫如德国之哲学。观此三者，德语与哲学有至要之关系，亦已明矣。世人以英语为世界溥通之语，诚然。然英语者，溥通于物质世界而已；精神世界，则今日当以德语为溥通语，如数百年前之拉丁语，千年前之希腊语也。各国文学家之杰作，每喜以最溥通之文明国语译之，故吾国人几有取资国语不待他求之风。夫哲学、科学、文学中至美至要之作，诚不能废译本，然译笔虽至畅达，亦如书画之临摹，其神采必不能一律。"② 西方人认为，"哲学的目的不是拯救人类灵魂，而是努力理解重大的文化问题及其可能出现的结局。但它并不是从一开始就蕴藏着一整套

---

① 蔡元培. 蔡元培全集第一卷[M]. 高平叔编. 北京：中华书局，1984：177.

② 同上，第 394 页.

哲学智慧，并以满腔的热忱，义不容辞地兜售给别人；相反，它起初只是在责任感的驱使下，迎接向我们时代的那些悬而未决的重大问题提出的挑战。"①在对西方哲学认识不是特别透彻的情况下，"我们之书，莫富于德文者"的认识，在当时的部分知识分子层面，应该是有所共识的。

除了信件，没有其他史料佐证冯至留德的初始想法。1925年4月19日，冯至在致杨晦的信中说，"近来身体一天比一天弱，困倦一天比一天多。有时甚至于起了很可怜的庸俗的对于将来的设想。将来还是敷敷衍衍饮食男女地混下去呢？还是在人生的战场上奋斗一番？这两个'？'在我的脑内纠缠起来，不能不说是我近日的堕落。也可以说是对于我才力的怀疑所致。时常觉得不舒服，不觉对于'死'又增加了几层恐怖。时而想锻炼身体。有时竟动了留学的梦想。"②

在冯至留学德国之前，曾经写过两篇文章，从字里行间，多多少少表述了自己当时的一种心境。两篇文章分别为《蒙古的歌》和《C君的来访》。

1930年6月16日，《骆驼草》周刊发表《蒙古的歌》，这篇文章看似是"读到一篇讲蒙古故事的短文"而谈"蒙古的歌"，实则是借外在的音（歌声）来引发内在的情（反思）。

---

① 〔丹麦〕索伦·克尔凯郭尔等. 悲剧：秋天的神话[M]. 北京：中国戏剧出版社，1992：75.

② 冯至. 冯至全集第十卷[M]. 石家庄：河北教育出版社，1999：56.

由外向内的这种情感流泻,是冯至反思"只可惜,经验与年岁俱增,自己的世界反倒日见狭窄。抱定志愿说要到南北冰洋去探险的那样的童心,等到中学毕业时已经做梦都梦不起来了"①。"新鲜"的一首歌,使冯至悟出"什么事都是因缘,谁想的到呢,这沙漠里的一朵灰色的花,向来不大有人采摘的,也会有今日飘落在光明的电灯光下,洁白的桌布上面,而它的声浪吻着两旁陈列着的西方的雕像"②。中西两种文化的融合,已经是冯至在思考的话题,说明在赴德接受欧洲文化之前,在其内心,是有思想铺垫的。"什么地方没有好的歌呢。无论什么地方的人都有少男少女的心呀……至于那鲁钝而又朴质的蒙古人,他们把他们的爱情与悲哀害羞似地紧紧地抱着,从生抱到死,我们是不大容易了解,不太容易发现的。"③《蒙古的歌》是表现冯至对文化所呈现的一种开放姿态、一种辩证思维。

1930年7月,冯至创作了散文《C君的来访》,当年7月28日,发表于《骆驼草》周刊。这篇文章有点特别,它是回忆类题材,说的是1926年C君来拜访的事情。在冯至赴德国前夕,撰写这篇文章,从一定意义上说,可以看作是冯至的一种精神清空,是一种境界跃升,既是对过往进行总结,

---

① 冯至. 冯至全集第三卷[M]. 石家庄:河北教育出版社,1999:9.
② 同上,第11页.
③ 同上,第12页.

也是慢慢推开不可预知的帷幔。与其说是"C君的来访",不如说是"冯至的别离",与往事别离,与过往"哲学"别离。文字所表述的是一种庄严的仪式感,所隐现的是走向远方的号角声,无奈的存在无法回避,"各人的黑暗的小路还不得不继续着去走吧",即将的开始神清气爽,"只想起他那次的来访像是一幅淡色的画,一首低音的歌,在我的夏季时吹来了一缕秋风"。①

在《吴宓日记》中,记载了一段珍惜史料,从1930年9月1日,吴宓与冯至接洽赴德,到1930年9月26日,冯至抵达德国斯坦奇站。吴宓对这段和冯至的旅行描绘得特别详细,不仅各类时间节点清晰,部分史实还能和冯至的文章互为印证:

九月一日　星期一

晚饭后,叶来,询宓与冯至(君培)接洽情形。

九月三日　星期三

晨八时,至孔德学校,访冯至(君培),见之。并见郑骞君。冯君须九月十日方可离此。宓与约。如无变化,当以此期结伴同行。惟当再商之陶君,方可决定云云。

---

① 冯至. 冯至全集第三卷[M]. 石家庄:河北教育出版社,1999:8.

九月十日　星期三

晴。晨七时起。整理行装。至八时半，犹未完。乃电城中（东二七二）与冯君培商议，结果，决定今日不起程，而改于十二日晚车出发，以免在哈尔滨闲住二日。十二日（星期五）适为宓阴历生日（七月二十日）亦云巧矣。

九月十二日　星期五

晴。是日为宓阴历初度。……七时，老姨太及张生（丙昌之子，在此读书）送宓以人力车载行李至东车站。而小皮箱又坏，不能关锁，老姨太以绳缚之。七时半，燠来。又遇结伴同行之冯至，一名承植，字君培，河北涿州人。王庆昌，字开周，河北钜鹿人。乃与燠购票，三等，至哈尔滨，每人票价 33.6 元。又以大件行李打票，至哈取。两人共付行李费 1.20 元。……八时二十分，车行。宓与陶、冯、王诸君为伴，旅途颇适。

九月十三日　星期六

晴。晨出山海关……晚七时一刻，抵奉天南满站。换乘日本火车，三等。……九时二十分开行。明晨七时抵长春。

九月十四日　星期日

阴。微雨。晨七时抵长春，换乘俄国火车〔仍原站〕。八时一刻开行。下午三时抵哈尔滨。分乘马车二辆，每辆价哈币5角。至道内中央大街北京旅馆三道街口。宿。冯君住其兄处。宓等三人共居一室（21号），房金每日哈币四元五角。哈币12.6元合平津币十元，约为五与六之比。

到旅馆略憩息，即同至五道街之卜公馆午餐。俄国中年妇人所开设。食一汤一菜，俄国式，极丰满。每汤或菜，价哈币四五角，带面包。且可二人分食一菜。

九月十五日　星期一

晴。十时半，偕冯、王、陶三君，至道里地段街吉林交涉局（即外交部特派员之公署）携华南圭先生之介绍函，谒第二科科长蒉丹庭君。由蒉君书一俄文介绍书，付宓等持之，乘汽车哈币一元至波兰总会求波兰领事签字于护照。办事人为一老妇，能英、法、德语，十分钟即竣事。每人纳费计哈币10.50元。

次乘汽车哈币一元。至南港区苏联总会，即俄国总领事署，见汉文秘书俄人某君，操中国官话极精熟。适正午，乃约于饭后来，于是宓等四人乃至近旁中东路局极宏壮，及中东路俱乐部公园游观，并在园内之饭店午餐。园之壮洁，已非中央公园所及矣。下午二时半，再至俄领事署，仍见某君，以俄文代宓等填写护照请求书，每人二份。每份各粘贴相片。又各纳费哈币13.2元。某君相待甚和蔼。先期颇疑俄人凶肆而畏之者，误矣。

次乃同乘电车归，在松花江岸远眺（有诗，另存。），并进俄人酿制之樱桃汁及香蕉汁汽水。

九月十六日　星期二

晴。偕冯、王、陶君游观某俄国商店及公和利百货商店，购水壶途中到站取热汤用。罐头饼干火车中食用。等物。

下午，偕冯君再至俄国总领事署，乘电车来往，哈币1角。取宓等四人之护照。

九月十七日　星期三　半阴晴　微雨

昨夕，以护照送交万国寝台车票公司。今晨11:00乃往付款，取得宓等四人由此赴巴黎（或柏林）之三等火车票，卧车寝台票在内。午饭后，又分途出外，购黑白面包及手纸等。约近下午三时，乃以三汽车，载宓等之行李，由旅馆至火车站。冯君之兄嫂等来送行。登俄国火车分居二室。旋以俄国客人来者多，乃合居一室。以他室居彼等。三时五十五分火车开行。……外此早晚则在车室中自进食，切肉割面包，笑谈极乐。

九月十八日　星期四

阴。正午12:25至满洲里。将出国境而入俄境，于此换车；并运行李入站，由税关人员查验。遇中国关员及警吏，有意照拂，乘俄员不在，径画圈放行。

下午2:26车行。兹所乘者。乃西伯利亚长途火车。宓等四人仍共居一室。于车中新识二人。（一）上海曹励恒君，能俄语，系新闻记者赴欧洲谋职事。托宓介绍其所撰稿于《大公报》。（二）德国司得庇君 D. K. Steybe，长沙南门外社坛街，德国内地会。盖久居长沙，今遭共党之乱，携妻及子女回德国者（Liebenzeller Mission）Liebenzell in Wurttemberg（Bad[①]）。车中俄人有通德语者，时亦交谈云。

九月十九日　星期五

阴。夜二时半，过赤塔。下午三时，车至贝加尔湖东岸。绕湖行，而南，而西，而北。至明晨始离湖之西岸。燠告宓贝加尔湖故事，蒙古民俗神话也。昨夜甚寒，今夜乃以卢布二枚租车中之毡褥及枕。

九月二十三日　星期二

阴雨。晨，过乌拉山〔有诗），入欧洲境。

九月二十四日　星期三

阴。下午二时半，车抵莫斯科北站。

九月二十四日　星期三

傍晚，复与冯君随 Steybe 君并所雇俄国少女导者，入市，在大街游观。所见详《欧游杂诗》13 首注，不赘。

[①] 原注：德国符腾堡州法人李本采勤（李本采勤团）。

九月二十五日　星期四

上午十一时，至俄国边境之 Niegoreloye 站①。下车，携行李至税关检验。

十二时车行。十二时四十分至俄国与波兰接壤处之斯多布齐（Stolpce）站。于此换车，直抵巴黎，不再换矣。此后计时改用中欧诸国之公时。十二时半车行，入波兰境。同车有波兰商人及学生，以德语共笑谈。出本国邮票及钱币互相投赠。……

晚九时，车抵波兰京城华沙。停一小时。曹励恒君在此下车，托介绍《大公报》访员事。

九月二十六日　星期五

晨五时半，抵德国边境之 Stentsch 站②，停一小时。德国关员来车卜检验行李，其不在德国下车者则不验看。九时半至十时半，车穿柏林城，凡停五站。同行冯至君_{君培}在此下车。③

按照当时南京国民政府教育部的规定，出国留学生必须先持有教育部发给的留学证书，才能请求留学所到国相关人员签字于护照，才能出境。冯至一行人等的出行详细地罗列

---

① 原注：尼葛雷拉耶站。
② 原注：斯坦奇站。
③ 吴宓. 吴宓日记第 5 册（1930—1933）[M]. 吴学昭注解. 三联书店，1998：107-127.

在《吴宓日记》中。在西伯利亚车中的时候，冯至写作了《赤塔以西——一段通信》。收录在《冯至全集第三卷》里面的这篇文章是据《山水》第2版编入的，在注释栏，编著者注明了该文写于1930年9月12日，但据上文《吴宓日记》所述，吴宓与冯至一行9月17日下午3时55分火车才从满洲里开行。两处表述略有出入，想来应以《吴宓日记》记载为准。文章后来发表于1930年11月20日的《华北日报副刊》。《赤塔以西——一段通信》是一篇特别的文章，火车在行进的过程中，西伯利亚的原野"令人想到原始的世界。色彩太鲜艳了，停车坐爱枫林晚，在这里车却无须停，因为这伟大的，很少经人道破的，美丽的树林是一望无有边涯的"。文中主要描述的是一名德国牧师、一名苏联的大学生与"我"之间的三边对话。首先是"我"和那名大学生的对话，"他不提柏拉图，不提康德，而认为列宁是'世界最伟大的哲学家'，我听着有些愕然，但同时又仿佛感到一个新的世界观正在开始"[①]。什么世界观，作者在文字中没有说。大学生对苏联的介绍及他母亲正在阅读的有关共产党员彭湃的故事的提及，是冯至前期作品中从未出现过的字眼，让人能够读出时代的激情。对于准备接受西方文化的冯至来说，文化的多样性开始有了新的定义。

---

① 冯至. 冯至全集第三卷[M]. 石家庄：河北教育出版社，1999：14.

贝加尔湖

　　此时此刻的冯至却感觉到"我几乎要打一个冷战"。刚出国门的他，竟然第一次面临两种意识形态的选择，对于思想上刚清空的他来说，此时在心里有没有进行选择，不得而知。1932年9月，身处德国柏林的冯至写作了散文《塞纳河畔的无名少女》，主题涉及生与死、生活与艺术、人与神、现实与天堂，恰似是对《赤塔以西——一段通信》的一种回应，哲理隐于段落之中，给读者留下了很大的理性思考空间。

第一节　五彩缤纷的欧洲哲学

欧洲哲学是五彩缤纷的，冯至所处的时代，欧洲哲学尤其如此。20世纪30年代早期，张岱年就说："现在的世界的哲学界，可以说是一个极其错综纷乱的局势。种种不同的派别在互相角逐，互相抗争着。……正在这些学派相斗争的时候，在德国又异军突起了一派，就是胡萨尔（Husserl）的现象学。要以一种超验逻辑，建设一种严格的哲学，应用一种新方法，立了一种面目上迥异于一切别派哲学的独特系统。……最近德国更有很多人倡黑格尔复兴，于是新黑格尔主义又大盛一时，同时又有少数人喊着再度返于康德。"[①] 张岱年所指的，就是冯至所面对的局面。

在论及冯至的人文世界时，哲学是绕不开的话题。冯至初到欧洲的时候，感到现代欧洲无论是在政治上，还者是在文艺上，"派别太多，如随波逐流，'只有弄得头昏眼花，不得善终'，决心'在一个角落里呆下去'，全心投入学习"[②]。冯至的留学生活，是从他进入哲学系开始的，他主修德语文学，选修哲学和艺术史。对于哲学，德国思想家克里斯蒂安·沃尔弗（Christian Wolff，1679—1754，德国博学家、法学家、

[①] 张岱年. 张岱年全集第一卷[M]. 石家庄：河北人民出版社，1996：69.

[②] 冯至. 冯至全集第十二卷[M]. 石家庄：河北教育出版社，1999：635.

数学家、启蒙哲学家)曾经以《关于中国人道德学的演讲》为题,阐述过这么一段话,"我们知道,所谓哲学无非是一门幸福的科学,但是,并非所有人都能涉足此科学领域,只有制度完善的国家中致力于良好社会风尚的人才有权力从事这门科学。"① 克里斯蒂安·沃尔弗所表述的观点和前述科培尔有所不同,他是基于对比儒学与基督教的异同后做出来的,他是极力赞美儒教这类中国哲学的。当然,也有和克里斯蒂安·沃尔弗观点相左的哲学家。200年后,曾在海德堡大学求过学的德国哲学家、最具生命力和影响力的思想家马克斯·韦伯(1864—1920)"将儒教与西方的清教作了较为透彻的分析比较,最后得出了一个结论:儒家伦理阻碍了中国资本主义的发展"②。在这里,对于中国儒家理论和哲学的关系不是讨论的重点,但有一点却是明晰的,冯至在北大学习期间,深入学习了哲学。哲学对20世纪二三十年代的冯至来说,不仅是一门课程和学问,更是一门蕴涵大理想的精神。到了德国,进入哲学的海洋,他如鱼得水。他同时代许多社会精英都知道,"一个民族,必须有值得为之牺牲的理想,人民更必须有为理想而牺牲的精神,然后这个民族才能盛强。有这种大理想,才能促起人们的努力,才能鼓舞起人们的勇气。

---

① 〔德〕夏瑞春. 德国思想家论中国[M]. 南京:江苏人民出版社,1995:32.

② 〔德〕马克斯·韦伯. 儒教与道教[M]. 北京:商务印书馆,1995:1.

有了这种大理想，人们才会觉得人生有意义，才会觉得人生有价值；没有这种大理想，人们会感到空虚、无谓。因而萎靡、堕退。这种大理想，是一个健全的民族所必须有，而宣示这种大理想者。当是哲学。"①

在19世纪末与20世纪初之际，"西方哲学发生了一场革命性的转变：哲学的基础和开端不再是传统哲学的认识论，而是现代诞生的数理逻辑；哲学研究的方法不再是对个人感知的心理分析，而是具有客观性和形式特征的逻辑分析；逻辑不仅被看做是人类理性思维的基本能力，更被奉为哲学发展的真正楷模。"②这其中的代表就有维也纳学派。其主要骨干有曾"在海德堡大学和瑞士的洛桑大学选听过物理学课程的莫里兹·石里克"③（莫里兹·石里克，1882年4月14日至1936年6月22日，德国柏林人）。1929年，维也纳学派正式成立，领袖即莫里兹·石里克。如果追本溯源的话，维也纳学派的思想"远则渊源于马赫（Mach），近则导源于罗素。罗素本即受马赫的影响极大。……罗素的大弟子维特根什坦，对于维也纳派尤有大的影响"④。莫里兹·石里克"是维也纳学派中第一个访问美国的哲学家，也是把维也纳

---

① 张岱年. 张岱年全集 [M]. 石家庄：河北人民出版社，1996：241.
② 叶秀山，王树人. 西方哲学史第八卷 [M]. 南京：江苏人民出版社，2005：1.
③ 同②，第203页.
④ 同①，第83页.

学派的思想，特别是维特根斯坦的思想传播到美国的第一人"①。维也纳学派对于人生，对于社会生活，对于道德观念都有自己的理论主张。甚至，这个学派还认为："人们求福利是再不应用祈祷的办法了，而应有心理的医生及社会的工程师。"②冯至在海德堡大学就读期

海德堡大学

间，正是维特根斯坦和石里克哲学思想传播演化的时间段。怎么看待哲学流派和观念，怎么有选择性地吸收哲学流派和观念，对冯至这代人来说，是一个命题。比冯至稍小的张岱年在1933年左右发表《论现在中国所需要的哲学》，认为"我们不只要吸收西洋哲学，我们也要加以批判。西洋哲学中因西洋人之种族的偏蔽而有的谬妄，我们是无需也采纳过来的"③。我们应该批判哪些哲学，应该采纳哪些哲学呢，他认为"中国现在所需要的哲学，乃是一种有力量的哲学，

---

① 叶秀山，王树人. 西方哲学史第八卷[M]. 南京：江苏人民出版社，2005：204.

② 同①，第87页.

③ 张岱年. 张岱年全集[M]. 石家庄：河北人民出版社，1996：239.

能给中华民族以勇气的哲学。须能从绝望中看出生路，从危险中看出光明，从死中看出生，从否定中看出更进的肯定。须能鼓舞人的勇气，培养人的斗争意志，激励人的坚忍精神。惟其如此，才能把中国从危亡中拯救出，才能有助于民族的再兴。在一时代能有积极作用的哲学，必是能助其民族应付新环境的哲学，有变革现实之力量的哲学。中国以前思想，蔽于静而不知动，蔽于家而不知群，蔽于中庸而不知力；今后思想，应注重力、群、动，注重克服环境而利用之，注重自作主宰改造环境之理想"①。诚然，张岱年的哲学观不能代表冯至的哲学观，冯至留德前后，正值中国社会发生急剧变化的动荡之秋，选择什么样的哲学和人生，时代迫使冯至自己不得不去寻找答案。

学者叶廷芳先生在《永不枯竭的话题：里尔克艺术随笔集》序言中说，"20 世纪的西方文学一个鲜明特点是哲学有力地打入文学，使文学在两个层面——人文观念和审美观念——上发生了巨大的变化，这后一个层面的变化与前者是紧密相关的。而在打入文学的西方现代哲学思潮中，存在主义恐怕是打入最深的一种哲学思潮。代表这一思潮的那些巨头们，从创始人克尔凯郭尔到尼采到海德格尔到萨特，都往往干脆把文学当作哲学的附庸，就是说，把文学作为解释他

---

① 张岱年. 张岱年全集 [M]. 石家庄：河北人民出版社，1996：240.

们某一哲学观点的工具，尤其是萨特"。[1]20世纪30年代，冯至在德国海德堡大学以及柏林大学研究克尔凯郭尔、雅斯贝尔斯和海德格尔的哲学思想，通过学习更深入地理解了里尔克，为其后来（20世纪40年代）诗风的转变作了准备。里尔克是推崇克尔凯郭尔的。1903年，"为了研读雅科布森和克尔凯郭尔的原著，里尔克在这几个月里着手学习丹麦语"[2]。在我们阅读克尔凯郭尔使用假名发表的著作时，能够感觉到，他具备精神病理学家或者心理学家才具备的独特细微眼光，这使得里尔克、雅斯贝尔斯能够找到共鸣，也使得冯至能够找到共鸣。若干年后，当我们读到冯至笔下的《伍子胥》中主人公内心的畏惧、忧郁和焦虑时，我们也能够嗅到从克尔凯郭尔、里尔克和雅斯贝尔斯作品中散发出来的同样味道。

对于很多人来说，不了解克尔凯郭尔，不懂克尔凯郭尔是可以理解的，因为克尔凯郭尔的文章的确有点扑朔迷离。1813年5月5日，克尔凯郭尔出生于哥本哈根一个经销袜子与毛纺织品的商人家中。1830年10月30日，注册为大学生。1841年10月25日，克尔凯郭尔首次到德国柏林旅行。1841年11月至1842年2月，他开始在当地听谢林讲课。

---

[1] 〔奥〕里尔克. 永不枯竭的话题：里尔克艺术随笔集[M]. 北京：东方出版社，2002：1.

[2] 〔德〕. 汉斯·埃贡·霍尔特胡森. 里尔克[M]. 北京：三联书店，1988：125.

克尔凯郭尔的思想及其论述，内容和结构都较庞杂，从思想层面来说，包括哲学、美学、心理学、神学、社会思想等，从著作的形式体裁来说，包括类似小说的作品、哲学评论、文艺评论、心理学研究、讲道词、日记等。克尔凯郭尔是一个思想家，也是一个诗人。作为思想家，他不断地对神学问题及对人存在的哲学问题进行探讨，这种探讨是开创性的探讨；作为诗人，他给抽象思辨披上了动人诗意的薄纱，这种抽象思辨是建立在复杂深刻的内心体验上的。无论是阅读《或此或彼》，还是阅读《基督徒的激情》，抑或是阅读他与他人合著的《悲剧：秋天的神话》，你均会发现抽象思辨所散发的诗意般的特别魅力。与很多哲学家不同之处还在于，克尔凯郭尔讨论存在的内在性问题时使用的一种反讽风格，这是其他哲学家所不擅长的。1835年8月1日，作为大学生的索伦·克尔凯郭尔，在自己的旅行日记中写道："我所缺少的，是弄清楚自己要做什么，而不是自己要认识什么，在每一次行动必须先有认识这一点除外。我所缺乏的是：过一种完美的人的生活，而不仅仅获得认识，以便使我把自己思想的发展不是建立在人们称之为客观的东西的基础之上，而是把它建立在与我生存的最深的根基紧密相联的东西之上。人们称之为客观的东西无论如何是不属于我的，而我通过与我的生存的最深的根基紧密相联的东西却可以说与神性连生在一起，即使世界崩溃了，我也坚定地依恋于此……"[1] 以上这段话，是克尔凯郭尔对"生存"的原始意义进行探究。克尔凯郭尔哲学中揭示了当代最重要问题的关键词"生存"，这一点非常重要，"他自己讲，作为存在主义哲学家，他与黑格尔学派的抽象思想家不同，他不是把干巴巴的理论，而是把证实生命的实践看作是对真实的生存的真理性证明。"[2] 黑格尔（1770—1831）是德国古典哲学家。1816年，黑格尔开始在海德堡大学担任哲学教授，"讲授哲学史、法哲学、美学、人类学、心理学、逻辑学、形而上学，根据讲课提纲，于1817、1827、1830年出版《哲学全书》"[3]。克尔凯郭尔对海德堡大学这位哲学教授的批评态度是很清晰的，"而且这些批评还不只是针对个别的具体的问题。从现在尚存的他在这一时期的笔记来看，没有任何根据可证明他与黑格尔本人或与黑格尔派的观点有密切的联系。他对黑格尔的学说没有特别良好的印象，相反，他总是讽刺地看待它的拥护者"[4]。在留德前后，冯至在众多的哲学名著中徜徉时，我们能够感觉到，对于欧洲哲学的吸收，冯至是有选择性的。而且，这种有选择性的吸收，不是生搬硬套。按照钱理群的理解，中

---

[1] 〔丹麦〕索伦·克尔凯郭尔等. 基督徒的激情[M]. 北京：中央编译出版社，1999：169.
[2] 同上，第170页.
[3] 〔丹麦〕克利马科斯. 论怀疑者哲学片断[M]. 北京：三联书店，1996：91.
[4] 同③，第92页.

国的自由主义文学"很少受到西方世纪末文学的消极影响,较少颓废、享乐的色彩,而显示出某种严肃性:严肃地自我内省,严肃地表现、思考社会人生"[①]。在中国自由主义文学作家中,冯至是"严肃地自我内省,严肃地表现、思考社会人生"的代表作家。如果说,克尔凯郭尔是把哲学研究作为他由审美的诗人过渡到宗教信仰者的一个中间环节。笔者觉得,冯至接受克尔凯郭尔的时候,遵循了克尔凯郭尔演化的路径,但没有遵循克尔凯郭尔演化的内容。结合冯至在西南联大和新中国成立后的生活,我们可以毫不夸张地说,冯至是把哲学研究作为他由审美的诗人过渡到共产主义信仰者的一个中间环节。

众多的研究者都关注里尔克对冯至的影响。里尔克是西方现代主义诗人,1875年12月4日出生于布拉格,1925年12月29日逝于瑞士的缪索堡。臧棣认为:"里尔克对中国新诗所产生的卓异影响是难以估量的,也是很少有人能与之比肩的。这种影响不仅反映在时间的长度上,也体现在精神的强度上。"[②]1895年7月9日,里尔克在布拉格新城的德意志高级文科中学以优异成绩通过考试以后,进入到卡尔·费迪南德大学学习。从1895—1896年的冬季学期期间,他选了哲学系,攻读艺术史、德国文学和哲学。当我们看到,

---

[①] 钱理群,温儒敏,吴福辉. 中国现代文学三十年[M]. 北京:北京大学出版社,1998:202.

[②] 臧棣. 里尔克诗选[M]. 香港:中国文学出版社,1996:7.

三十五年后，冯至在海德堡大学攻读的课程和里尔克一模一样时，不得不承认，这段时间的冯至，在精神上和里尔克应该是契合的。

在关注里尔克的艺术家中，寻找一个同时代的参照人物和冯至进行比较，也许就更能理解冯至对里尔克的接受。作为冯至好友的诗人兼翻译家梁宗岱就是最好的选择，他对里尔克的接受和冯至相比较就有所不同。"他底视线一方面要内倾，一方面又要外向"，这也许是梁氏接受里尔克的一种中国式诠释。冯至则站在另外一个角度，以另外一种方式，在接受里尔克的同时，从自己特有立场出发创造出了不同的文化成果。1926年，冯至阅读到里尔克的《军旗手克里斯多夫·里尔克的爱与死之歌》时，感觉文字"色彩的绚烂，音调的铿锵，从头到尾被一种幽郁而神秘的情调支配着"。我们看到冯至在那个时间段所创作的《秋战》《风夜》及《最后之歌》中也有一丝忧郁之风，可以想象，一种默契使得冯至从心底认可了里尔克。冯至在《外来的养分》中，说自己在留学德国期间，"阅读了里尔克的几乎全部诗作、散文和书信"[①]。

梁宗岱也在同一时期为里尔克作品所吸引，也许是心灵上的默契，冯至与梁宗岱通过阅读里尔克，对新诗的现代性前景以及新诗现代性可能实现的途径都有了一种隐约的意识。

---

① 冯至. 外来的养分 [J]. 外国文学评论，1987（2）.

1943年，梁宗岱翻译里尔克的《罗丹论》，在《译者题记》中有这样的言语："里尔克（Rainer Maria Rilke）和格峨格（Stefan George）同是德国现代的，而且，根据德国一般权威的批评家底意见，也许是歌德以后的两个最大的诗人。"梁宗岱唯一的外国小说翻译集叫《交错集》，里面所收8篇作品，选自四个不同的作家，三个不同的国度。之所以命名为《交错集》，是因为译者认为这些作品"足以帮助读者认识人生某些角落，或最低限度满足他们灵魂某种需要，或许不是不可能的事"①。而在这篇集子里，首篇就是里尔克的《老提摩斐之死》，可见影响之深。

梁宗岱在理解里尔克的过程中，瓦雷里（有作者译为梵乐西或梵乐希）应该扮演着一个重要角色。"梁宗岱的整个思想体系都以瓦雷里的思想为契机，或者更确切地说，他对诗歌创作、批评以及个人人生的构建的所有想法，几乎都来自于他对瓦雷里的认识、阅读与理解。对梁宗岱来说，瓦雷里首先是一把钥匙，一个向导。"②这是梁宗岱所持有的一种顶礼膜拜的态度，里尔克到了晚年，"当梵乐希（瓦雷里，笔者注）底作品出现于法国诗坛的时候，他那么倾心，竟一口气把梵氏最重要的诗文译成自己的文字了。"对于梵乐希之于里尔克的关系，梁宗岱也不忘说一句："他晚年隐居的

---

① 梁宗岱. 梁宗岱文集（IV）[M]. 北京：中央编译出版社，2003：283.

② 董强. 梁宗岱穿越象征主义. 北京：文津出版社，2004：66.

地方，幽寂到梵乐希在他悼里尔克的文里，竟说他几乎不能了解一个人能够像里尔克那样安之若素的。"正是通过瓦雷里这样一所桥梁，梁宗岱对里尔克的好感愈加醇厚，理解愈加透彻。也许正是基于此，也许就因为是一所桥梁，在瓦雷里所具有的独特的新古典主义倾向影响下的梁宗岱，未去深入钻研里尔克诗歌的精髓。从某种程度上说，这也许是梁宗岱的诗学转向古典，未能向现代诗歌迈出决定性一步的原因之一。

相对于梁宗岱多多少少有点"由此（瓦雷里）及彼（里尔克）"的接受方式来说，冯至对里尔克的接受则侧重"由此（里尔克）及彼（中国现实）"的接受。冯至接受里尔克并发生偏移，这种偏移是和中国现实生活紧密结合的偏移，这种偏移是对里尔克观念中国化。从下面一个例子，我们可以窥见一斑。1938年6月，"中德文化丛书"出版，冯至作为里尔克忠实的追随者，由他翻译的《给一个青年诗人的十封信》位列丛书之中，汉学家马利安·高利克（Marian Galik）认为，从接受的角度来看，这本书"在20世纪30年代末和40年代对中国现代诗歌产生了巨大影响。在昆明，这本薄薄的小册子是冯至弟子们的诗歌入门书之一"[①]。

对于自己在那个时代翻译里尔克，冯至曾经有过自己的解释，他认为"绝大多数离人的本性太远了，以致无法认清

---

① 〔斯洛伐克〕马利安·高利克. 里尔克作品在中国文学和批评中的接受状况[J]. 中国比较文学，2008（3）.

现实的命运。——青年们现在正陷于错误和混乱之中，我的责任是翻译一些里尔克的作品，好让他们通过里尔克的提示和道路得到启发，拯救自己，以免错误和混乱"①。在颠沛流离中的冯至对民族生存困境有一番别样感触的同时，没有倾心于中国传统诗歌的那种心碎，而是渗入了理性思考。由里尔克文字中西方人生存环境丧失的危机的镜子来透视中国现实，这种诗歌的映射超越了翻译学的范畴，在中国诗歌史上无疑具有划时代意义。当然，梁宗岱也钟情于里尔克在中国的译介和研究。梁宗岱的文笔典雅流畅，所译介的里尔克作品做到了形神兼备，如《交错集》《罗丹论》等，他侧重于对里尔克精神世界的探索。梁宗岱是站于中西诗学的交汇处、站在诗歌理论与实践的交接处看里尔克，通过里尔克，梁宗岱看到的是西方现代诗中的精华与方向，看到的是"新诗"中的不足，看到的是诗歌中西相融的可能性。也许梁宗岱自己也意识到了自己这种评价式的接受立场，他甚至不忘说一声："但我们有理由希望，在最近的将来，冯至君将给我们一个配得起这位大诗人的深澈详尽的描述。"②

　　冯至和里尔克有许多一致的地方。比如，里尔克认为罗丹以及塞尚的艺术行为是专注地投入与圣徒式的苦行，是约

---

① 冯至. 冯至全集第十二卷 [M]. 石家庄：河北教育出版社，1999：147.

② 梁宗岱. 梁宗岱文集（IV）[M]. 北京：中央编译出版社，2003：209.

伯式的虔诚和忍耐。当冯至从德国来到法国巴黎,在看到罗丹、塞尚的雕塑和绘画以后,冯至的精神世界受到一种无形的震撼,冯至从早期的浪漫主义向现代主义的转型之中,这种震撼伴随始终。冯至的这种心路过程,恰恰是里尔克曾经经历过的。从某种程度上说,里尔克的诗歌是从自我为中心的情感世界,进入到一个物的世界,经历了一个由浪漫主义转向现代主义的过程。里尔克最本原的体验是在喧嚣尘世间的孤独感,对待里尔克"物"和体验的完整理解,是在冯至的《十四行集》中,真正的存在体验来自家国情怀独特背景下个人存在困境的体验。我们可以这样说,里尔克笔下圣徒式的苦行与冯至诗歌中痛苦而倔强的灵魂有相当多的一致。而在梁宗岱由此(瓦雷里)及彼(里尔克)进行接受时,梁宗岱深入思考过哲学与诗的话题,他在《保罗·梵乐西先生》中论及瓦雷里(梵乐西)时说:"用了极端的忍耐去守候,极敏捷的手腕去捕住那微妙而悠忽之倾的——在这灵魂的刹那倾,浑浊的池水给月光底银指点成溶溶的流品;无情的哲学化作缱绻的诗魂"。在这里,梁宗岱论述了哲学入诗的基本条件,思想上"极端的忍耐",行动上"极敏捷的手腕去捕住","浑浊的池水给月光底银指点成溶溶的流品"是哲学入诗的效果。冯至则是站在另外一个层面,在探索哲理的过程中理性地关注人生和社会,用诗歌体式的转换来表达精神境界。由于里尔克的影响,冯至一度远离抗战主流话语,取而代之的是用生命本身作为思考对象和诗性主体,这种思维方式也构筑了冯至在西南联大时期独特的沉思方式。没有这些哲理性的思考，也就不会产生后来《十四行集》那样纯粹的现代主义哲理诗作的高峰。正是在这个意义上，冯至20世纪40年代的叙事诗创作所作出的贡献，不仅在中国叙事诗的现代转型及创新上留下了浓墨重彩的一笔，而且在哲理诗、冥想诗进入叙事诗体裁的开拓这一方向上，也留下了自己独特的声音。

里尔克在某些作品中体现出了象征主义的影响，尤其是在《马尔特·劳里兹·布里吉的日记》和《致一位年青诗人的信》中，在象征主义的所有时期，都有着一种宗教和神秘主义的一面。神秘主义使梁宗岱在里尔克那里找到契合点，在作品中显示出一种极大的精神氛围，如梁宗岱《晚祷》二首便具有浓郁的基督教的氛围。梁宗岱"之所以为我们创造了一个'非物态化'的诗境，就在于他少年时代求学于教会学校的知识与精神背景提供了另外一种同样诱人的心灵选择：不是在与自然的融洽而是在与自然'之上'的神的对话中寻觅生命的意义。"[①] 冯至诗歌中的自然观在前面已做赘述，在这里不再探讨。

20世纪的欧洲哲学思想，并不仅仅是上述所指莫里兹·石里克以及维也纳学派，也不仅仅是克尔凯郭尔和里尔克（还包括后述雅斯贝尔斯）等哲学巨匠，实际上，这一阶段的欧洲哲学超越了历史上任何时期，这时期的哲学所具有的创造

---

① 李怡. 意志化之路上的梁宗岱诗歌与诗论[J]，中国现代文学研究丛刊. 2004（3）.

性，"简直是不能用'流派——主义'这些范畴所能框得住的"①。从冯至后来的思想变化和文学创作来看，他对西方哲学的学习是超越了西方哲学的本义了的，他重在对西方哲学的部分进行选择后，进行中国化的改造，以自身的思想和文学呈现进行表达。

第二节 众里寻她的人生态度

歌德曾经到海德堡去探望一位名叫德尔佛的女士，他在文章中这样说："那时恰是摘葡萄的季节，日丽风和，在这美丽的莱茵河和内卡河流域游览之际从前在斯特拉斯堡游学时所感到的阿尔萨斯的情调复活起来。当时的我，在自己和在他人的身上获得种种特异的经验，但是这些经验仍是在'生成'的路上，模糊而未成熟，关于人生还没有得到什么结论，而在我心里头唤起的所谓"无限"的感觉，倒使我更加迷惑。"②

歌德的这种"在他人的身上获得种种特异的经验"似乎和初到海德堡的冯至非常契合，众里寻他千百度，冯至完全

---

① 叶秀山，王树人. 西方哲学史第一卷[M]. 南京：江苏人民出版社，2004：206.

② 〔德〕歌德. 歌德文集第五卷[M]. 北京：人民文学出版社，1999：30.

沉浸在里尔克的世界。到了1931年上半年的时候，里尔克的思想观念已经和冯至相融。1931年1月16日，他在写给杨晦的信件中这样说："近代诗人Rilke，George，诗是好得很，懂也难得很。R.已死去，G.当在人间。（关于George，冯至先生没注释，我猜可能是拜伦，但和后文又不符合。Rilke是里尔克。笔者注。）这二人的人格与作风都是很有意义的，在群众日趋于烦嚣与无聊的世态中。尤其是Rilke的一句话，使我身心为之不宁，他说：诗人最不应该有的，是ironisch（嘲讽，笔者注）的态度。因此弄得我冲突、怀疑，我的'礼拜日的黄昏'也羞惭得不能往下写了。近来我觉得我有些地方太'世故'了，有了世故，固然可以少生许多闲气；但有时鬼魂似的附在身仁，怪不舒服的。中国书我不大想。但有时思念《唐宋传奇集》（此书在我的书架上）及《庄子》。"里尔克对冯至的影响表现在很多方面，特别是这些信件中所反映出来的以生命本身作为思考对象，所反映出来的沉思色彩。早在1930年5月12日，他在写给杨晦的信件中这样说，"你觉得我近来的诗怎样？我已经完全把旧的'形式'同'韵'抛开了。"这种"抛开"，是冯至对于自己在德国学习、生活半年来的一个回顾和"决断"。同里尔克性格中的逆来顺受相比，冯至有自己的"决断"和自由选择，比如在1931年1月20日的信件中，他说："我近来有时读Rilke的东西，那是使我有多么惭愧呀。我很爱那样'心的谦虚'的人，像是Rilke，Jacobsen（雅各布森，笔者注）。可是，我怎么竟不能够呢？我对于我的运命，没有一点怨尤。时时刻刻使我不安的，即是时时刻刻不住地发现自己的弱点。现实的世界使我承认了一切，纵使我在它的面前没有成了奴仆，可是也依依违违地成了一个世故的人了。……我在这里却是很用功。这种'功'用得对我是好是坏，自然也很难说。我也只有这样日无暇晷地用下去，不然，我恐怕更要黑暗了。我并不乱七八糟地读。Burckhardt（布尔克哈特，笔者注）的《文化史》使我非常感到趣味，我白天读。《浮士德》，我夜里读。Rilke 同 George，他们在我的面前还是两个不大容易了解的人物，我有工夫时，就看关于他二人的著作。此外我也没有闲暇了。"冯至与里尔克在精神上达到一种高度契合，他在里尔克身上看到了中国人在精神上所缺少的东西，这也是冯至长期专注于里尔克的根本原因。在 1931 年 2 月的信件中，他说："另一方面是念 Rilke 的信札，真感动我极了。Rilke 曾充 Rodin（罗丹，笔者注）的书记，做有《Rodin 论》（去夏启明先生送我的那本就是）。他的诗融汇 Keats, Baudelaire……的长处，不但德国人这样说，法国人也这样讲。是一个很可爱的人，尤其是他那做人的态度，现在慧修离我是那祥远，不能天天警醒我，我只好请 Rilke 来感化我这块顽石了。"在同年 3 月 15 日的信件中，他的文字是一种喜不自胜，"我现在完全沉在 Rainer Maria Rilke 的世界中。上午是他，下午是他，遇见一两个德国学生谈的也是他。……他的诗真是人间的精品——没有一行一字是随便写出的。我在他的著作面前本应惭愧，但他是那样可爱，他使我增了许多勇气。恐怕自 Goethe 同 Holderlin 后，德国的诗人只属他了——自然还有 Stefan George（斯特凡·格奥尔格，笔者注）。……我下学期要好好地听 Gundolf 的课。此外我就专心研究这三个人：Rilke，George 还有 Hofmannsthal（霍夫曼斯塔尔，笔者注）。"

1931 年 7 月 14 日，和冯至共同赴欧的吴宓，曾经到海德堡拜访冯至，当时的学期分为每年二学期，十一月至二月为一学期，五月至八月为一学期，其余的日子是假日。吴宓是 7 月到访。在自己的日记中，吴宓进行了详细记载。

七月十四日（Tuesday）

晴。既抵 Universitat 站，由此折南，登山，穿桥洞，攀跻久久，乃至冯承植君〔君培〕寓所，Mme Schindler, 15 Klingenteicher-Strasse；其宅在半山，周围皆园林，泉瀑流滴，至适幽居读书。见冯君及中国学生徐诗荃（？）君，悉此间大学最有名之教授 Gundlf（Friedrich Leopold，1880—1931）于 July 13 逝世，冯君甚为哀悼。宓已购相片，此公最重要之著作，为重译 Shakespeare 全集及 Goethe 传，盖文学史家云。……

4:00 P.M. 冯君陪宓出，参观 Heidelberg 大学（1386 年立），此为德国最古之校，然屋多新筑。入大学图书馆，有人导观。中藏上古 papyrus 及中世圣书等若干种；至 Homer MSS 则未之见（疑误记）。

5—6 冯君上课。宓至学生阅报室中，览英法文学杂报（另记）。

6—8 冯君陪宓游步，由双塔之古桥渡 Neckar 河。沿河西行，过 Gundlf 教授故宅；隔河望 Heidelberg 全城，至美，而 SChloss（堡）悬崖上，绿树围护，尤为胜观。此地在黑林（Das Schwarze Wald）之边际，黑林所产山石皆红，故此地之桥堡屋宅，一律用红石建筑，诸山皆为浓密之绿树所遮盖，红石出绿树中，其色殊幽丽，河中有女士荡舟。

9—10 冯君邀至 Augustin Hotel 晚餐；毕，又至冯君寓中略坐，乃出。……

夜雨，颇有旅情。作诗未成；拟作二首，（1）叙 Heidelberg 全景，今日之游观所得者；（2）叙 Schloss 之游及遇 Neuber 女士事及情，明晨之成绩也。

海岱山（Heidelberg 名从张凤举译）

崇山夹明河，一线极幽深。

绣绒被重（层）峦，绿树密成阴。

桥屋红石筑；名产出黑林。

巍然中古式，……

……堡垒临高岑。

弦诵六百年，兵火劫侵寻。

近惜名贤（Guodlf）逝，颇伤学侣心。

读书探胜境、匆促两难任。"①

  吴宓游览海德堡的愉悦之情溢于言表。此时的冯至，正悲痛于宫多尔夫（1880—1931，德国文学史家、文学批评家，海德堡大学教授）的离去。冯至是高度认可宫多尔夫的《歌德传》。宫多尔夫带给冯至的精神营养，研究者很少系统搜集，1988年5月16日，达姆施塔特德意志语言文学研究院还曾授予冯至"弗里德里希·宫多尔夫外国日耳曼学奖"。冯至在海德堡的学习生活，使得他的心境发生变化。冯至学习过的克尔凯郭尔、荷尔德林、尼采与里尔克，都是孤独的性格内倾者，在1931年7月25日的信件中，他说："自足的是我从Rilke的诗里懂得了一点寂寞同忍耐，从尼采的文里懂得了一点寂寞同忍耐，从Van Gogh（梵·高，笔者注）的画里懂得的也是一点寂寞同忍耐。……我八月初就离开海岱山往柏林去；海岱山太美了，我有点舍不得它。"② 在当年8月20日的信件中，对这种"寂寞"，冯至还在文字中感叹了一句："在我个人呢：是人间有像Rilke这样伟大而美的灵魂，我只感到海一样的寂寞，不再感到沙漠一样的荒凉了。"③ 里尔克的世界影响了冯至的世界，他说，"自从读了Rilke

---

  ① 吴宓. 吴宓日记第5册[M]. 北京：三联书店，1998：391—392.

  ② 冯至. 冯至全集第十二卷[M]. 石家庄：河北教育出版社，1999：123.

  ③ 同②，第125页.

的书，使我对于植物谦逊、对于人类骄傲了。现在我再也没有那种没有出息'事事不如人'的感觉。同时 Rilke 使我'看'植物不亢不卑，忍受风雪，享受日光。……所以我也好好锻炼我的身体、我的精神，重新建筑我的庙堂。"[①]

歌德曾经在给他人的书信里说："我要像《古兰经》里的摩西那样祈祷：主啊，给我狭窄的胸以空间。"冯至在著名的《十四行集》里，对其进行了认可和借用，把这句话改成了如下两行诗："给我狭窄的心，一个大的宇宙。"追求心灵空间和精神的扩展是冯至的志向，他思考的是心灵空间和精神怎样扩展？怎样才能使个人的心由狭窄逐渐变大，变成一个大的宇宙？中国其他哲学家们也探讨过这个话题，怎么样让自己的心灵臻于完善，与冯至同时代的宗白华（1897—1986）是这么认为的，"人生若欲完成自己，止于至善，实现他的人格，则当以宇宙为模范，求生活中的秩序与和谐。和谐与秩序是宇宙的美，也是人生美的基础。达到这种'美'的道路，在亚里士多德看来就是'执中''中庸'。但是中庸之道并不是庸俗一流，并不是依违两可、苟且的折中。乃是一种不偏不倚的毅力、综合的意志，力求取法乎上、圆满地实现个性中的一切而得和谐。"[②]《美学散步》是宗白华创作的一部美学著作，1981 年 6 月首次出版。宗白华是把自

[①] 冯至. 冯至全集第十二卷[M]. 石家庄：河北教育出版社，1999：121.

[②] 宗白华. 美学散步[M]. 上海：上海人民出版社，2005：402.

己融入悠久的传统之中去谈艺术，旨在追求生命的意义。20世纪40年代的冯至也在追求生命的意义，只不过，他是在他独特的文本世界里，开阔生命的视野，不断地对人的个体生命进行追问。

冯至的夫人姚可崑在回忆录《我与冯至》中记载，在冯至回国之初1935年12月，他在《大公报》的《文艺副刊》发表了和几年后同名的一首诗——《威尼斯》：

无数寂寞的岛屿
织就了一座美丽的城。
它是理想世界的缩影——
其中的人们，寂寞，孤零。

彼此通消息，这边是
一架桥梁，那边是窗对着窗——
此外家家都开起门，紧抱着
几百年的隆替兴亡。

水街上是这般宁静，
一任远来的行人仔细倾听；
傍晚穿过长怨桥下，只依稀
听见了叹息三两声。

碰巧的是杨晦看见了这首诗,写信告诉他,大意说:"你的诗在技巧上比过去成熟些,但是你的诗里对待事物那种冷冰冰的态度,我读后很不舒服,我不希望你写这样的诗。"①

1941年,冯至又写了第二首《威尼斯》,收于《十四行集》中。

我永远不会忘记
西方的那座水城,
它是个人世的象征,
千百个寂寞的集体。

一个寂寞是一座岛,
一座座都结成朋友。
当你向我拉一拉手,
便像一座水上的桥;

当你向我笑一笑,
便像是对面岛上
忽然开了一扇楼窗。
只担心夜深静悄,
楼上的窗儿关闭,

---

① 姚可崑. 我与冯至[M]. 南宁:广西教育出版社,1994:53.

桥上也断了人迹。

1983年，冯至在《文艺报》第8期上发表了《从癸亥到癸亥年——怀念杨晦同志》。他在这篇文章中说，杨晦是"对我影响最大，使我获益最多的"。从杨晦对冯至的评价中，我们可以看到冯至的诗歌创作的确受到里尔克等存在主义作家的影响。但是，通过前后两首《威尼斯》对比，我们也能够得到很多信息，能够感受到，里尔克等存在主义作家并不是冯至的全部。冯至也不是存在主义作家，因为在形式上，他一直在探索诗歌新的表现方式；在内容上，他在表现自己的哲学。

打开冯至的人文世界，面对缤纷的欧洲哲学，我们能够明晰的看到伟大的哲学家——雅斯贝尔斯对他为人作诗的影响。当伍子胥经受人生厄运的考验时，冯至是在用文字证明人类的尊严和伟大。笔者不是刻意想将《伍子胥》所表达的中心旨归和雅斯贝尔斯的某个哲学观点相对应，但不难看出，伍子胥在逃亡中所表现出来的勇敢和坚定，是和雅斯贝尔斯对于悲剧主人公的论述高度一致的。"只要他活着，就可以重建自己。他还能够自我献身。……只要全部的意义和全部的必然都烟消云散，就会有某种东西在人的内心深处出现；基本身份的自我保全本能。这个身份通过忍耐——'我必须在沉默中接受我的命运'，通过生活的勇气，以及在可能性的限制下高贵庄严地死去的勇气而保全下来。"①伍子胥保全下来了，成为冯至笔下的神话。笔者只是想陈述这样一种观点——在冯至的散文化小说和诗歌作品中，他所表达的哲学人生和自己的老师雅斯贝尔斯的观点是一脉相承的，读懂雅斯贝尔斯，才能读懂冯至。

1883年2月23日，卡尔·雅斯贝尔斯出生于德国海滨城市——奥尔登堡市。"北方的风光不仅影响了他的精神，也影响到了他以后的著作。北海堤岸后面平坦的低湿地，在其中隆起着少数低矮的山冈，连天的视野，让人感到一切尽收眼底。我所看到的是天空、地平线以及我所站立的地方。天空向八方展开，茫无垠际。自由奔放的大海，浩浩荡荡，横无际涯。正是这种坦坦荡荡、辽阔无边、奔腾不息的性格铸就了雅斯贝尔斯理性的真实特征。"②这种性格又何尝不是中年以后冯至的性格。有意思的是，雅斯贝尔斯从来没有在大学学院式地学习过哲学。国人对雅斯贝尔斯的了解，很多是基于雅斯贝尔斯的《大学的思想》（1923）。19世纪20年代，雅斯贝尔斯在自己的哲学课堂上，"把侧重点完全放在哲学史上的近代哲学，而且着重在于讲黑格尔（八节课）和康德（八节课）；其次是谢林（两节课）和基尔凯郭尔（两

---

① 〔德〕卡尔·雅斯贝尔斯. 悲剧的超越[M]. 北京：工人出版社，1988：77.

② 〔德〕卡尔·雅斯贝尔斯. 大哲学家[M]. 北京：社会科学文献出版社，2012：904.

节课）；最后才系统地讲授逻辑、伦理学和形而上学。自1927年起，他就把其重点放在大全哲学纲要上，1931年他第一次称这个大全哲学为'生存哲学'。"[1]雅斯贝尔斯曾经获得过医生开业许可证，他相信科学，有明晰的信仰，执着于理性。雅斯贝尔斯的生存哲学就是在澄明生存时呼唤自由，寻求超越对于生存的意义。在冯至进入北京大学读预科的第二年，即1922年，雅斯贝尔斯在海德堡大学担任哲学专业的正教授。在冯至进入海德堡大学后的1931年，雅斯贝尔斯出版了《时代的精神状况》，1933年，出版了《马克斯·韦伯：政治家—学者—哲学家》；1935年，出版了《理智与存在》。雅斯贝尔斯在《时代的精神状况》中，对自己所信奉的生存哲学做了最明晰的定义，"生存哲学是利用一切事实知识的、然而又是超越性的思维，由于此，人想要成为他自己。这种思维不认识对象，而是同时澄明和获得如此思维的人的存在。由于它超越了一切确定存在的世界知识，因而（作为哲学关于世界的态度）它是飘忽不定的；然而也因为此，它（作为存在的澄明）呼唤着自由，并且（作为形而上学）通过召唤超越而创造它无条件行动的空间"。对自由的呼唤成为雅斯贝尔斯生存哲学的核心。雅斯贝尔斯对人的重视，使我们不得不想起曾经对青年冯至有过影响的周作人。在冯至留学德国之前，冯至与周作人的关系，应该是相当紧密的。

---

[1] 〔德〕汉斯·萨尼尔. 雅斯贝尔斯[M]. 北京：三联书店，1988：51-52..

这还可以从冯至凄切哀婉的纪念周若子（1915—1929，原名蒙，是周作人的次女，也是冯至在孔德学校时最喜爱的学生）的散文《若子死了》中可见一斑。作为青年冯至精神膜拜对象的周作人曾经送给冯至一本《罗丹传》。精神文化的往来，在一定程度上也影响着冯至在留德前的文学创作观。1918年12月，《新青年》杂志刊登了周作人的《人的文学》一文，周作人是站在新文学的角度来研究人的文学，强调以人道主义为本，表现灵肉一致的人性。其反复表述的即是"以真为主，以美即在其中"这一文学观念。在周作人看来，人——这一有生命力的个体，是独立的，是摆脱了传统礼教束缚的。1922年1月22日，周作人在《晨报·副镌》发表名作《自己的园地》，呼喊出"艺术是独立的，却又原来是人性的"。这一时代话语，以周作人为代表的"五四"人物极力想把他们从西方思想那里得来的自我意识推广普及到普通大众中去。"人的文学"、有"个性的文学"以及"平民的文学"构成了"五四"时代新的文学观。但是，无论是"人的发现"，抑或是人的文学的判断标准，都有其时代局限性。因为求学和办刊，和周作人交往较密切的冯至，来到德国后，在走近雅斯贝尔斯时，似乎能够找到周作人相关观念的影子。周作人是想通过文学，从文学这一路径开始，来倡导他所说的人道主义思想，来真正发现人的意义。尽管文学评论家司马长风认为周作人对"人的文学"只坚持了一年多，很快就又摒弃了，"很快就悄悄地把它埋葬了！"[①]但是，"人的文学"作为一面已经张挂起来的大旗，对整个五四新文学运动而言是有历史价值的，首擎者个人的思想转变并不能决定这面旗帜的历史价值。"人的文学"影响了冯至这一代人，为冯至认可雅斯贝尔斯的哲学观念打下了基础。

雅斯贝尔斯究竟给冯至带来了什么？解开这个谜团，能使我们能更好地理解20世纪40年代冯至的现代诗行。

雅斯贝尔斯生存哲学的核心思想是以自身为起源，是源于自身的信仰，它既不是单纯的知识，也不是对上帝的信仰，而是独特的"哲学信仰"，雅斯贝尔斯的作品集是基于这样一个共同的问题来展开追问的——"什么是哲学？而且，由于哲学是人的事情，这个问题也就是：人是什么？"[②]雅斯贝尔斯一直把人的存在作为全部现实的中心。在哲学的任务和目标上，雅斯贝尔斯看重人的自我实现，这种人的自我实现是人在现实存在中的超越和自由，这种超越和自由，是指现实中的个体进行独立思考，根据自己对人生的理解而行动，而且持续下去。雅斯贝尔斯的哲学观点和他做人的准则是一致的，作为一个思想家，他深深植根于德国传统文化之中，他的作品也蕴含在伟大的德国传统文化之中。作为德国的良

---

① 司马长风. 中国新文学史[M]. 香港：昭明出版社，1975：116.

② 〔德〕维尔纳·叔斯勒. 雅斯贝尔斯[M]. 北京：中国人民大学出版社，2008：3.

心，"他始终忠实于自己的信仰。他是那些在整个大战期间居留于德国，率先敢于正视德国民众的道德罪恶与道义责任问题的极少数德国思想家之一。"[①]冯至由海德堡大学转学到柏林大学是在1931年8月，1933年2月，德国国内局势恶化，1933年4月，由柏林大学回到海德堡大学，1933年8月，冯至写出论文提纲，在这个时间段，同时听雅斯贝斯教授讲授哲学、戈利塞巴赫斯教授讲授艺术史。冯至完成博士论文后，1935年6月22日和6日进行了两次毕业论文答辩：第一次答辩主考导师为布克和潘采尔；第二次答辩主考导师就是雅斯贝尔斯和戈利塞巴赫。1935年6月，他最终获得哲学博士学位。2012年，中文版《海德格尔与雅斯贝尔斯往复书简（1920—1963）》由上海人民出版社出版，该书详细还原了雅斯贝尔斯与海德格尔的书信往来。早期，由于哲学观点的接近，两人结下了深厚友谊。但是当海德格尔加入纳粹后，

卡尔·西奥多·雅斯贝尔斯（Karl Theodor Jaspers，1883年2月23日—1969年2月26日德国哲学家。）

---

① 〔德〕雅斯贝尔斯. 悲剧的超越[M]. 北京：工人出版社，1988：4.

雅斯贝尔斯与海德格尔毅然断交。在冯至获得哲学博士后不久，雅斯贝尔斯被纳粹逐出大学，解除教授职位，禁止出版著作，一直到1945年这段时光，雅斯贝尔斯的人生呈现空白，而受到他深刻影响的学生冯至，其文学创作则逐渐走向巅峰。

第六章　从《伍子胥》到《十四行集》：文学实践

对于冯至《伍子胥》的研究，许多人认为是对中国优秀传统文化的继承与借鉴，是对西方现代文学艺术的吸收。有的研究者也认为"冯至改写后的小说在文本结构上与荷马史诗《奥德赛》有很强的可比性"[①]。还有的研究者认为，"《伍子胥》是一篇运思式的诗化小说"，"语言是《伍子胥》艺术创造的核心问题，是冯至在留德期间追求现代纯净语言的一个结果。"[②]结合巴赫金等人相关理论，探寻《伍子胥》研究是少有人开启的新思路。巴赫金是苏联文艺理论家，他自幼在家学习德语和法语，在日常生活中，他用德语思考，德语几乎成了他的第一语言。"据巴赫金自己说，新康德主义马堡学派的首领赫尔曼·柯亨的著作《康德的经验理论》，对他'影响巨大'，并且他是俄国最早接触丹麦思想家克尔

[①] 宋先红. 伍子胥："奥德赛"式的现代精神历险 [J]. 淮北煤炭师范学院学报（哲学社会科学版），2007（5）.

[②] 钱理群，谢茂松. 冯至博士《伍子胥》新论 [J]. 徐州师范大学学报（哲学社会科学版），1998（3）.

凯郭尔的人"。①巴赫金所创作的《陀思妥耶夫斯基创作问题》最早出版于1929年,他曾经说,"读过德国其他哲学家的书。我很早就熟悉克尔凯郭尔,比任何俄国人都早。克尔凯郭尔是陀思妥耶夫斯基的同代人。陀思妥耶夫斯基对他当然是一无所知,可他却惊人地近似陀思妥耶夫斯基。主题差不多是一样的,深度差不多也是一样的。"②冯至对陀思妥耶夫斯基是非常熟悉的。早在哈尔滨生活时期,他在《北游及其他游》中就写过这样一章。

> 不知不觉地,树叶都已落尽,
> 日月的循环,在我已经不生疑问;
> 我只把自己关在房中,空对着
> 《死室回忆》作者的相片发闷。
> 忽然初冬的雪落了一尺多深,
> 似乎接到了一封远方的音信,
> 它从沉睡中把我唤醒,
> 使我觉得我的血液还在循环,
> 我的生命也仿佛还不曾凋尽。

---

① 〔俄〕巴赫金. 巴赫金全集第一卷[M]. 石家庄:河北教育出版社,1998:3.
② 〔俄〕巴赫金. 巴赫金全集第五卷[M]. 石家庄:河北教育出版社,1998:410.

松花江的两岸已经是一片苍茫,

分明是早晨的雪,却又像是夜月的光,

我望不见岸北的楼台,

也望不清江上的桥梁,

空望着这还未结冰的江水,

"这到底是什么地方?"

"你不知道吗,

你可是当真忘记?

这里已经埋葬了你一切的梦幻,

在那回中秋的夜里。

你看这滚滚不息的江水,

早已把它们带入了海水的涛浪。

望后你要怎么样,

你要仔细地思量;

不要总是呆呆地望着远方,

不要只是呆呆地望着远方空想!"

啊,今天的宇宙,谁不是白衣白帽

天空是那样地严肃,

雪在回环地舞蹈

原来它们为了我

做一番痛切的追悼!

这里埋葬了我的梦幻,

我再也不愿在这里长久逡巡;

在这样的追悼会里,

空气是这样地阴沉,阴沉……①

《死室回忆》的作者就是陀思妥耶夫斯基。《死室回忆》现在通常翻译为《死屋手记》,是长篇纪实小说,由回忆、随笔、特写、故事等独立成篇的章节构成。在《北游》中,我们也能找到陀式《死屋手记》的痕迹。奥地利小说家茨威格曾这样说,"对我们这一时代的文学和文化能产生深远影响的有两个人,一个是存在主义的鼻祖克尔凯郭尔,另一个就是俄国的小说家陀思妥耶夫斯基。"不管是否言过其实,陀思妥耶夫斯基对冯至的影响是不可忽视的。

冯至的文学创作实践中,《伍子胥》到《十四行集》是两部里程碑式的作品。从当前的研究来看,冯至《伍子胥》到《十四行集》的初始创作意图是丰富的,无论从哪一个角度去诠释这两部作品主题多义性,本身是一件有意义的事情,何况,这种多义性就是由冯至所处的纷繁复杂的社会背景和自己对生活的丰富体验以及思想感情的丰富多样性形成的。

---

① 冯至. 冯至全集第一卷[M]. 石家庄:河北教育出版社,1999:173.

第一节 《伍子胥》里的狂欢

1938年12月21日,冯至跟随着同济大学来到了昆明。《伍子胥》写于1942年冬至1943年春。

据史书记载,伍子胥是古代楚国人,当时执政的楚平王听信小人之言,将为太子迎娶的儿媳据为己妇,后来又逼走太子,将进谏太傅伍奢囚禁。为了免留后患,楚平王以封官来诱捕伍奢二子——长子伍尚和次子伍员(子胥)。知道是诱捕,伍尚出于孝道,自投罗网,与伍奢共同罹难,伍员(子胥)却亡命楚国的敌国——吴国。《左传·昭公二十年》做如下记载:

费无极言于楚子曰:建与伍奢将以方城之外叛。自以为犹宋、郑也,齐、晋又交辅之,将以害楚。其事集矣。王信之,问伍奢。伍奢对曰:君一过多矣,何言于谗?王执伍奢。使城父司马奋扬杀太子,未至,而使遣之。三月,太子建奔宋。王召奋扬,奋扬使城父人执己以至。王曰:言出于余口,入于尔耳,谁告建也?对曰:臣告之。君王命臣曰:事建如事余。臣不佞,不能苟贰。奉初以还,不忍后命,故遣之。既而悔之,亦无及已。王曰:而敢来,何也?对曰:使而失命,召而不来,是再奸也。逃无所入。王曰:归。从政如他日。

无极曰:奢之子材,若在吴,必忧楚国,盍以免其父召之。彼仁,必来。不然,将为患。王使召之,曰:来,吾免而父。

棠君尚谓其弟员曰：尔适吴，我将归死。吾知不逮，我能死，尔能报闻免父之命，不可以莫之奔也；亲戚为戮，不可以莫之报也。奔死免父，孝也；度功而行，仁也；择任而往，知也；知死不辟，勇也。父不可弃，名不可废，尔其勉之，相从为愈。伍尚归。奢闻员不来，曰：楚君、大夫其旰食乎！楚人皆杀之。

员如吴，言伐楚之利于州于。公子光曰：是宗为戮而欲反其仇，不可从也。员曰：彼将有他志。余姑为之求士，而鄙以待之。乃见鱄设诸焉，而耕于鄙。

《左传》对伍子胥的记载，重在叙事情来龙去脉，通过个性化的语言对费无极和楚平王进行了描述，虽有对伍奢父子内心的描写，由于篇幅所限，着墨不多。东汉赵晔撰写的《吴越春秋》，是一部记述春秋战国时期吴越争霸的史学著作，在人物刻画和语言描写中，有很深的虚构和夸张痕迹。《吴越春秋·王僚使公子光传第三》对伍子胥亡命吴国的前因后果和细节进行了详尽描述：

五年，楚之亡臣伍子胥来奔吴。伍子胥者，楚人也，名员。员父奢，兄尚。其前名曰伍举。以直谏事楚庄王。

王即位三年，不听国政，沉湎于酒，淫于声色。左手拥秦姬，右手抱越女，身坐钟鼓之间而令曰：有敢谏者，死！于是伍举进谏曰：有一大鸟集楚国之庭，三年不飞亦不鸣。此何鸟也？于是庄王曰：此鸟不飞，飞则冲天；不鸣，鸣则惊人。伍举曰：

不飞不鸣,将为射者所图,弦矢卒发,岂得冲天而惊人乎? 于是庄王弃其秦姬越女,罢钟鼓之乐;用孙叔敖任以国政。遂霸天下,威伏诸侯。

庄王卒,灵王立。建章华之台。与登焉。王曰:台美。伍举曰:臣闻国君服宠以为美,安民以为乐,克听以为聪,致远以为明。不闻以土木之崇高,虫镂之刻画,金石之清音,丝竹之凄唳以之为美。前庄王为抱居之台,高不过望国氛,大不过容宴豆,木不妨守备,用不烦官府,民不败时务,官不易朝常。今君为此台七年,国人怨焉,财用尽焉,年榖败焉,百姓烦焉,诸侯忿怨,卿士讪谤:岂前王之所盛,人君之美者耶?臣诚愚不知所谓也。灵王即除工去饰,不游于台。由是伍氏三世为楚忠臣。

楚平王有太子名建,平王以伍奢为太子太傅,费无忌为少傅。平王使无忌为太子娶于秦,秦女美容,无忌报平王,曰:秦女天下无双,王可自取。王遂纳秦女为夫人而幸爱之,生子珍;而更为太子娶齐女。无忌因去太子而事平王。深念平王一旦卒而太子立,当害己也,乃复谗太子建。建母蔡氏无宠,乃使太子守城父,备边兵。

顷之,无忌日夜言太子之短,曰:太子以秦女之故,不能无怨望之心,愿王自备。太子居城父将兵,外交诸侯,将入为乱。平王乃召伍奢而按问之。奢知无忌之谗,因谏之,曰:王独奈何以谗贼小臣而疏骨肉乎?无忌承宴复言曰:王今不制,其事成矣,王且见擒。平王大怒,因囚伍奢,而使城父司马奋扬往杀太子。奋扬使人前告太子急去,不然将诛。三月,太子奔宋。

无忌复言平王曰:伍奢有二子,皆贤,不诛且为楚忧。可以其父为质而召之。

王使使谓奢曰:能致二子则生,不然,则死。

伍奢曰:臣有二子,长曰尚,少曰胥。尚为人慈温仁信,若闻臣召辄来。胥为人少好于文,长习于武,文治邦国,武定天下,执纲守戾,蒙垢受耻,虽冤不争,能成大事。此前知之士,安可致耶?

平王谓伍奢之誉二子,即遣使者驾驷马,封函印绶往许召子尚、子胥。令曰:贺二子父奢以忠信慈仁去难就免。平王内惭因系忠臣,外愧诸侯之耻,反遇奢为国相,封二子为侯,尚赐鸿都侯,胥赐盖侯,相去不远三百余里。奢久囚系,忧思二子,故遣臣来奉进印绶。

尚曰:父系三年,中心切怛,食不甘味,尝苦饥渴,昼夜感思,忧父不活,惟父获免,何敢贪印绶哉?

使者曰:父囚三年,王今幸赦,无以赏赐,封二子为侯。一言当至,何所陈哉?

尚乃入报子胥,曰:父幸免死,二子为侯,使者在门,兼封印绶,汝可见使。

子胥曰:尚且安坐,为兄卦之。今日甲子,时加于巳,支伤日下,气不相受。君欺其臣,父欺其子。今往方死,何侯之有?

尚曰：岂贪于侯，思见父耳。一面而别，虽死而生。

子胥曰：尚且无往。父当我活，楚畏我勇，势不敢杀；兄若误往，必死不脱。

尚曰：父子之爱，恩从中出，侥幸相见，以自济达。

于是子胥叹曰：与父俱诛，何明于世，冤仇不除，耻辱日大。尚从是往，我从是决。

尚泣曰：吾之生也，为世所笑，终老地上，而亦何之？不能报仇，毕为废物。汝怀文武，勇于策谋，父兄之仇，汝可复也。吾如得返，是天祐之，其遂沉埋，亦吾所喜。

胥曰：尚且行矣，吾去不顾，勿使临难，虽悔何追！

旋泣辞行，与使俱往。楚得子尚，执而囚之，复遣追捕子胥，胥乃贯弓执矢去楚。楚追之，见其妻。曰：胥亡矣，去三百里。使者追及无人之野，胥乃张弓布矢，欲害使者，使者俯伏而走。胥曰：报汝平王，欲国不灭，释吾父兄；若不尔者，楚为墟矣。使返报平王。王闻之，即发大军追子胥至江，失其所在，不获而返。

子胥行至大江，仰天行哭林泽之中，言楚王无道，杀吾父兄，愿吾因于诸侯以报仇矣。闻太子建在宋，胥欲往之。

伍奢初闻子胥之亡，曰：楚之君臣，且苦兵矣。

尚至楚就父，俱戮于市。

伍员奔宋，道遇申包胥，谓曰：楚王杀吾兄父，为之奈何？申包胥曰：於乎！吾欲教子报楚，则为不忠；教子不报，则为无亲友也。子其行矣，吾不容言。子胥曰：吾闻父母之仇，不与戴天履地；兄弟之仇，不与同域接壤；朋友之仇，不与邻乡共里。今吾将复楚，辜以雪父兄之耻。申包胥曰：子能亡之，吾能存之；子能危之，吾能安之。胥遂奔宋。

宋元公无信于国，国人恶之。大夫华氏谋杀元公，国人与华氏因作大乱。子胥乃与太子建俱奔郑，郑人甚礼之。太子建又适晋，晋顷公曰：太子既在郑，郑信太子矣。太子能为内应而灭郑，即以郑封太子。太子还郑，事未成，会欲私其从者，从者知其谋，乃告之于郑。郑定公与子产诛杀太子建。

建有子名胜，伍员与胜奔吴。到昭关，关吏欲执之，伍员因诈曰：上所以索我者，美珠也。今我已亡矣，将去取之。关吏因舍之。

与胜行去，追者在后，几不得脱。至江，江中有渔父乘船从下方溯水而上。子胥呼之，谓曰：渔父渡我！如是者再。渔父欲渡之，适会旁有人窥之，因而歌曰：

日月昭昭乎侵已驰，与子期乎芦之漪。

子胥即止芦之漪。渔父又歌曰：

日已夕兮，予心忧悲；月已驰兮，何不渡为？事寖急兮，当奈何？子胥入船。渔父知其意也，乃渡之千浔之津。

子胥既渡，渔父乃视之有其饥色。乃谓曰：子俟我此树下，为子取饷。渔父去后，子胥疑之，乃潜身于深苇之中。有顷，父来，持麦饭、鲍鱼羹、盎浆，求之树下，不见，因歌而呼之，曰：芦中人，芦中人，岂非穷士乎？如是至再，子胥乃出芦中而应。渔父曰：吾见子有饥色，为子取饷，子何嫌哉？子胥曰：

性命属天，今属丈人，岂敢有嫌哉？

二人饮食毕，欲去，胥乃解百金之剑以与渔者：此吾前君之剑，中有七星，价值百金，以此相答。渔父曰：吾闻楚之法令：得伍胥者，赐粟五万石，爵执圭，岂图取百金之剑乎？遂辞不受。谓子胥曰：子急去勿留，且为楚所得？子胥曰：请丈人姓字。渔父曰：今日凶凶，两贼相逢，吾所谓渡楚贼也。两贼相得，得形于默，何用姓字为？子为芦中人，吾为渔丈人，富贵莫相忘也。子胥曰：诺。既去，诫渔父曰：掩子之盎浆，无令其露。渔父诺。子胥行数步，顾视渔者已覆船自沉于江水之中矣。

子胥默然，遂行至吴。疾于中道，乞食溧阳。适会女子击绵于濑水之上，筥中有饭。子胥遇之，谓曰：夫人可得一餐乎？女子曰：妾独与母居，三十未嫁，饭不可得。子胥曰：夫人赈穷途少饭，亦何嫌哉？女子知非恒人，遂许之，发其箪筥，饭其盎浆，长跪而与之。子胥再餐而止。女子曰：君有远逝之行，何不饱而餐之？子胥已餐而去，又谓女子曰：掩夫人之壶浆，无令其露。女子叹曰：嗟乎！妾独与母居三十年，自守贞明，不愿从适，何宜馈饭而与丈夫？越亏礼仪，妾不忍也。子行矣。子胥行，反顾，女子已自投于濑水矣。於乎！贞明执操，其丈夫女哉！

子胥之吴，乃被发佯狂，跣足涂面，行乞于市，市人观罔有识者。翌日，吴市吏善相者见之，曰：吾之相人多矣，未尝见斯人也，非异国之亡臣乎？乃白吴王僚，具陈其状。

王宜召之。王僚曰：与之俱入。

    冯至的《伍子胥》共有 7 个章节，以主人公乞食于吴市而结尾。与上述《吴越春秋·王僚使公子光传第三》的描述是刻意吻合的。冯至说过自己是仿照鲁迅在《故事新编》（1922—1935 年创作）里的笔法，"只取一点因由，随意点染，铺成一篇"。瞿秋白在《鲁迅杂感集·序言》中分析鲁迅油滑的文体特征时说："急遽的剧烈的社会斗争，使作家不能够从容的把他思想和情感熔铸到创作里去，表现在具体的形象和典型里；同时，残酷的强暴的压力，又不容许作家的言论采取通常的形式。"瞿秋白是有针对性地勾勒鲁迅，但不可否认，冯至的《伍子胥》在艺术构思及表现手法、风格特点上与鲁迅的《故事新编》还是有一定的内在一致性。小说发表后，出现了一系列与之相关的文学评论。1946 年 10 月 15 日，田堃在天津《大公报》上发文评《伍子胥》；1946 年 12 月 22 日，马逢华（诗人、经济学家，笔者注）在天津《大公报》上发表了文章评论《伍子胥》；1947 年 6 月，盛澄华（时任清华教授）则在出版的《东方与西方》第 1 卷第 3 期上发表了《读冯至〈伍子胥〉》，称其"像一个精致的画展，或是一部四重奏的'室内音乐'"；1947 年 3 月，唐湜在《文艺复兴》第 3 卷第 1 期发表了《〈伍子胥〉（书评）》，他认为《伍子胥》是"完熟而透明的诗的果子"，是"能使自我情绪升华而透彻的抒情歌诗"，而非"伟大的反映某个特定历史年代的史诗";吕丁在1949年6月《国文月刊》第80期发表了《冯至的〈伍子胥〉——现代创作略读指导之一》，他指出伍子胥诞生于"暴风雨的抗战时期"，时代需要的新英雄正是"背着弓、怀着复仇的决心、翻过山、涉过江、含垢忍辱、刻苦耐劳的人物"。虽然现有资料稀缺，但可以肯定地说，当时对《伍子胥》的评论文章应该不只仅有这么几篇。评论家从小说的主题意蕴、人物形象和文体形态等多方面进行阐述。他们在进行再解读以及重构性阐释时，有的是侧重时代背景，有的是侧重小说中的诗化旋律，有的是侧重作者情感抒发，这与冯至的创作初衷是有一定差距的。这也反映了那个时代受众的审美心态、政治态度及价值标准。这些评论家的界定有很浓的时代氛围，有鲜明的意识形态色彩。

关于创作初衷，1944年冬，冯至在《伍子胥》后记中提及，在1928年，当他第一次读到里尔克的散文诗《旗手里尔克的爱与死之歌》时，"被那一幕一幕的色彩与音调所感动，我当时想，关于伍子胥的逃亡也正好用这样的体裁写一遍。但那时的想象里多少含有一些浪漫的元素"[①]。1942冬，时机终于到来，卞之琳重印旧译《旗手里尔克的爱与死之歌》。冯至在付印前看到卞作，他"一时兴会"完成了名篇《伍子胥》。他自己认为《伍子胥》已和里尔克的《旗手里尔克的爱与死之歌》"没有一点相同或类似的地方"，掺杂了当代中国人

---

① 冯至. 冯至全集第三卷 [M]. 石家庄：河北教育出版社，1999：426.

的痛苦，是中国现代版的《奥德赛》。《伍子胥》是冯至对人生生命和存在意义进行反思，表现出现代知识分子对个人存在价值和现实处境的内省，所体现的是冯至的一种内在超越。这有点类似巴赫金所说的超越，巴赫金谈道："我必须超越我的体验所在的那一价值层面，才能使我所体验的东西本身、我的心灵实体成为自己观照的对象；我必须在另一价值视野中占据另一立场，而且价值的重估须带有极大的重要性。……我的体验本身作为确定的心态，不是在我本人生活的这一价值层而上获得自身的意义。在我的生活中对我来说这个体验并不存在。必须在我的生活层面之外找到一个重要的涵义支点，一个活跃的创造性的支点，因而也是正确的支点……。"[①]研究《伍子胥》，我们看到了主人公的内在超越，这种内在超越并不是一时一人的内在超越，其实，每个人都存在内在超越。余英时曾经说："儒家教人'深造自得''归而求之有余师'，道家要人'得意忘言'，禅师对求道者则不肯'说破'。重点显然都放在每一个人的内心自觉，所以个人的修养或修持成为关键所在。……追求价值之探的努力是向内而不是向外向上的，不是等待上帝来'启示'的。这种精神不但见之于宗教、道德、社会各方面，并且也同样支配着艺术与文学的领域。所以'心源'这个观念在绘画和诗的创作上都是十分重要的。论画有'外师造化，中得心源'

---

① 〔俄〕巴赫金. 巴赫金全集第一卷[M]. 石家庄：河北教育出版社，1998：211.

的名言，论诗则说'怜渠直道当时语，不着心探傍古人'，这可以说是内在超越所必经的道路。"①余英时也表示过中国精神并不是全在内化，他所发言论也是从大体而言。于冯至来说，自己脑海中伍子胥的形象，随着时事变迁，"渐渐脱去了浪漫的衣裳，而成为一个在现实中真实地被磨炼着的人"。这种创作初衷和梁遇春有关，和抗战时期冯至的颠沛流离有关，和冯至的思想变化也有关。

其实，还有一件值得推敲的史事也要提及，那就是杨宝森和京剧《伍子胥》的出演。京剧名老生杨宝森（1909—1958）是杨派艺术的创始人，在他的舞台实践生涯中，作为京剧经典名作的《伍子胥》，似乎到今天，也是无人逾越的高峰。2019年6月1日的《文汇报·笔会》发表了谷曙光结合当年的《申报》《立言画刊》等史料撰写的《〈伍子胥〉首演真相：杨宝森不朽名剧的诞生》。他说："在杨之前，尚无人增益首尾、一晚演全。纵观京剧史，杨氏是将全部《伍子胥》折子戏整合加工、一人到底之首倡者。"所谓全部《伍子胥》，就是选择《文昭关》《战樊城》《刺王僚》和《鱼藏剑》等四部作品加工而成。杨宝森赴沪挑班演出的时间为1942年11月21日到1943年1月6日止。这期间，全部《伍子胥》演了两次，即1943年1月1日和4日。谷曙光认为，"这显然可以作为杨宝森派淬炼砥砺、蜕变升华的一个重要节点。"

---

① 余英时. 中国思想传统的现代诠释[M]. 南京：江苏人民出版社，2006：10—11.

杨宝森和冯至都是站在艺术颠峰上的两位大家，在前后时间段，分别让京剧《伍子胥》和散文诗《伍子胥》轰动一时，其间的联系，值得深究。

在谈到《伍子胥》时，常令人想到歌德笔下的维廉·麦斯特。《维廉·麦斯特的学习时代》是歌德散文体小说的代表作，作为《歌德文集》的第二卷，前言为冯至1943年夏写于昆明（1984年8月22日修改，人民文学出版社1999年版）。小说中主人公维廉·麦斯特在寻求人生理想的过程中，辗转德国各地。小说中故事的叙述很单纯，没有展现一幅广阔的社会图景。小说多的是抽象的议论，少的是具体的描述。冯至认为，"德国有一大部分长篇小说，尤其是从十七世纪到十九世纪这三百年内的代表作品，在文学史上有一个特殊的名称：修养小说或发展小说（Entwicklungsroman）……，而多半是表达一个人在内心的发展与外界的遭遇中间所演化出来的历史。……歌德的《维廉·麦斯特》是最突出的一个榜样。"[①] 那么，"这修养的理想是什么呢？是十八世纪后半叶德国思想界所追求的人文主义教育的理想：完整的人。既不是像启蒙运动那样完全崇尚理智，也不是狂飙突进时期那样强调热情，而是情理并茂，美与伦理的结合。"[②] 冯至自己不认为《伍子胥》和《维廉·麦斯特的学习时代》有什

---

① 〔德〕歌德. 歌德文集第二卷[M]. 冯至，姚可崑译. 北京：人民文学出版社，1999：2-3.

② 同上，第12页.

么内在联系，他说，"例如《伍子胥》这一章，说有存在主义影响，我可以同意，至于受歌德影响，联系到《维廉·麦斯特》就有些牵强附会了。我不否认，我受歌德影响，但歌德影响在《伍子胥》里并不突出。"[①] 但是，在结构方法上，《伍子胥》和《维廉·麦斯特的学习时代》确实有相通之处。歌德40岁时，完成了古典主义戏剧《托尔夸托·塔索》。意大利文艺复兴时代著名诗人托尔夸托·塔索，"1544年3月11日生于意大利南部的索伦多。诗人在宫廷里虽然受到宠遇，但也免不了受到反动的政治高压而感到内心痛苦，以致精神抑郁而多疑，树敌较多，无法在宫廷中长期立足。一五七七年七月，他逃出宫廷，化装成牧人，逃到索伦多的妹妹家中隐栖。一五七八年曾一度回到斐拉拉，但不久又逃亡。一五七九年又回到斐拉拉，但由于精神失常，被关进圣安娜疯人院达七年之久，至一五八六年出院。又出外四处漂流。一五九五年教皇克来门斯召他前去罗马，封他为桂冠诗人"。写作《托尔夸托·塔索》时，歌德既有少年维特那样的热情，也有浮士德那样高远的思想，具有完美形式的《托尔夸托·塔索》是歌德在中年时期复杂、深刻的烦恼的艺术表白。当然，维廉·麦斯特不是伍子胥，托尔夸托·塔索也不是伍子胥，巴赫金认为，"不能把行为看成是一个从外部观察或进行理论思考的现象，而是要从行为的内部，联系它的责任来观察。

---

① 冯至. 冯至全集第十二卷[M]. 石家庄：河北教育出版社，1999：503.

行为的这种责任概括着行为的所有因素：既有涵义的价值，又有事实的进程以及其全部的具体历史性和个体性。"① 当我们读着《伍子胥》中的文字时，稍一回味，就能够感受到巴赫金所说的带着情感与意志的语调，感受到巴赫金所说的带着情感与意志的思维。

城父，这座在方城外新建筑的边城，三年来无人过问，自己也仿佛失却了重心，无时不在空中飘浮着……伍尚和子胥，兄弟二人，天天坐在家里，只听着小小的一座城充满了窃窃的私语，其中的含意模糊得像是雾里的花；江边的方言使人怀想起金黄的橙橘、池沼里宁静的花叶、走到山谷里到处生长着的兰蕙芳草，陈蔡的方言里却含满流离转徙的愁苦……若是回想起他们的幼年，便觉得自己是从肥沃的原野里生长出来的两棵树，如今被移植在一个窄小贫瘠的盆子里，他们若想继续生长，只有希望这个盆子的破裂。②

这种语调带着主人公思想的全部涵义和内容，叙述话语中充满情感意志的语调，在伍尚和子胥随之而来的决断中起着定向的作用，在这里是有确定涵义内容的。城父是一个"盆

---

① 〔俄〕巴赫金. 巴赫金全集第一卷[M]. 石家庄：河北教育出版社，1998：30.
② 冯至. 冯至全集第三卷[M]. 石家庄：河北教育出版社，1999：369.

子"的意象,"突破盆子——渴望生长——仇恨培养"作为一种思想一直贯穿全章始终,这种有感情的思想与其说是有威力的思想,不如说其本身就具有了事件性,这也成了《伍子胥》中独有的特色。要考察伍子胥在出亡中所带着的有感情的思想,就必须联系冯至所熟悉的里尔克。1931年,冯至在写给杨晦的信中谈及一个发现——里尔克的《豹》。他说:"我去年暑假在北平时,我曾经幻想我的将来的诗,要望那方面努力:做一首诗,像是雕刻家雕塑一座石像。想不到来到德国遇见 Rilke 的诗,他后半的诗多半是一座座的雕刻——我简直为了它而倾倒了。……他写公园中的'豹':'它的目光被一条条的铁栏弄得疲倦了,什么也看不见。它觉得,只有千万条的铁栏,在千万条的铁栏后再也没有世界了。"[①]在信件里,冯至还同时谈道,"因为内心的需要,我一丝不苟地翻译他的十封致一位青年诗人的信。在这十封信里我更亲切地呼吸着一个伟大的诗人的气息。我译它出来,我赤诚地给中国的青年;我只恨我在二十岁上下的时候无人把这样好的东西翻译给我。"[②]冯至把冲出"铁栏"的情绪,炼成了他认为很伟大的"体验"。"从生命最轻妙的芬芳到它沉重的果实的厚味——这里没有一件事不能被我们去理解、领会、经验,以及在回忆的余韵中亲切地认识;没有一种体

[①] 冯至. 冯至全集第十二卷[M]. 石家庄:河北教育出版社,1999:119.

[②] 同上.

验是过于渺小的，就是很小的事件的开展都像是一个大的命运……"①里尔克写过一篇日记体长篇小说，题目叫《马尔特·劳里茨·布里格记事》，小说是用一个离家出走的儿子的故事来结尾的。里尔克还翻译了安德烈·纪德以无家可归的游子为题的作品。按照有的研究者的说法，里尔克"本人就是一个'离乡背井的'现代人，失落感与他如影随形。……在马不停蹄地寻找心目中真正的故乡、上下求索试图确定人在宇宙间的方位和归属的同时，他又将孤独感奉若神明。对他来说，孤独感甚至是创作的必要条件和保证。"②虽然，里尔克是崇尚内心的，注重开掘作品中主人公的"内心世界"，但这并不意味着他在作品中回避社会和大众，相反，他是融入社会和大众的。

到底是杨宝森的京剧是冯至写作《伍子胥》的诱因之一，还是《旗手》（关于"爱与死的启蒙"）唤醒了冯至的《伍子胥》情结，或者是里尔克的其他作品给冯至的《伍子胥》提供了思路，只有作者本人才清楚。但我们不得不面对这样一个现实：伍子胥的故事已经天然地为冯至提供了一个适时的、急切需要的"体验"的广阔背景。谈到"体验"，我们要提及陀思妥耶夫斯基，巴赫金欣赏陀思妥耶夫斯基的世界，

---

① 〔奥〕里尔克.给一个青年诗人的十封信[M].北京：三联书店，1994：12.
② 〔德〕汉斯·埃贡·霍尔特胡森.里尔克[M].北京：三联书店，1988：2-3.

曾经于1929年出版《陀思妥耶夫斯基创作问题》。陀思妥耶夫斯基的世界与冯至的人文世界也不是并行的，倒是时有交叉，陀思妥耶夫斯基的世界是"以一种特殊的农神节的方式，从普通的非节庆的日常生活规律中抽取出来的。以打破言语交际规律与规范的话语为追求的目标"。他认为，"体验要想在审美上得到凝聚并积极地确定，必须剔除无法融解的涵义之杂质，必须排除一切先验性的内涵。还有，凡是把体验放到客观的和总是设定的世界与文化语境中、而不是放到特定个体和可完成生活的语境中、价值关联域中来理解的一切因素，也应排除。因为所有上述要排除的因素都应转为体验的内蕴，纳入到原则上可终结和已完成的心灵之中，紧束并封闭在心灵里，在心灵独特的内在可睹的统一体中。"[1] 按照鲁迅的理解，"陀思妥耶夫斯基是人类灵魂的伟大审问者，他把小说中的男男女女，放在万难忍受的境遇里，来试炼他们"。基于此，我们是否可以这样认为，伍子胥在逃亡过程中，在这种"万难忍受的境遇里"，就是在"试炼"自己，就是在不断地加深自己对"爱"与"死"的认识或启蒙呢！在《林泽》中，"这对青年夫妇的生活，是子胥梦也梦想不到的，他心里有些羡慕，但他还是爱惜他自己艰苦的命运。"这是陀思妥耶夫斯基独特的独白方式，这种方式的内核"不在于他用独白方式宣告个性的价值（在他之前就有人这样做了），

---

[1] 〔俄〕巴赫金. 巴赫金全集第一卷[M]. 石家庄：河北教育出版社，1998：213.

而在于他把个性看做是别人的个性、他人的个性，并能客观地艺术地发现它、表现它，不把它变成抒情性的，不把自己的作者声音同它融合到一起，同时又不把它降低为具体的心理现实"①。

《伍子胥》的出亡并不浪漫，而是有些悲情，但谈到冯至与《伍子胥》时，我们回避不了德国浪漫派诗人、哲学家诺瓦利斯。根据冯至《昆明日记》（《新文学史料》2001年第4期）所记载，1942年11月18日下午，他"至沈有鼎处借诺瓦利斯一册"。我们知道，冯至的博士论文就是《自然与精神的类比——诺瓦利斯的文体原则》。诺瓦利斯（1772年5月2日—1801年3月25日），原名格奥尔格·菲利普·弗里德里希·弗莱赫尔·冯·哈登贝格（Georg Philipp Friedrich Freiherr von Hardenberg）。"诺瓦利斯（Novalis）由于他强调幻想，追求无限的彼岸，……他雄心勃勃地要在一部小说里写一个在幻想中成长的人物亨利希·封·奥夫特丁根，与维廉·麦斯特相对抗。但他不幸早逝，这小说并未完成，只留下小说开端的几章片断。"②《亨利希·封·奥夫特丁根》是作者有意而写的反歌德小说。作为诺瓦利斯最成熟的小说作品，贯穿着爱的主题，表现诗歌与浪漫，而不

---

① 〔俄〕巴赫金. 巴赫金全集第五卷[M]. 石家庄：河北教育出版社，1998：13.

② 〔德〕歌德. 歌德文集第二卷[M]. 北京：人民文学出版社，1999：15.

是《维廉·麦斯特》中散文化的精神。虽然不能生硬的用诺瓦利斯笔下亨利希·封·奥夫特丁根和伍子胥来简单类比，但在伍子胥这一个体中，我们明确看到主人公对彼岸的追求，对人生的幻想。从不同的阶段与同时的进程来讲，陀思妥耶夫斯基同歌德也是相反的，"他力图将不同的阶段看做是同时的进程，把不同阶段按戏剧方式加以对比映照，却不把它们延伸为一个形成发展的过程。对他来说，研究世界就是意味着把世界的所有内容作为同时存在的事物加以思考，探索出它们在某一时刻的横剖面上的相互关系。"[①]对照这一理论，我们来看巴赫金所谓"探索出它们在某一时刻的横剖面上的相互关系"，如果我们认识到，当出亡内化为伍子胥对生命和存在的体验，当出亡内化为伍子胥"爱"与"死"的面目的启蒙，我们就能更好地理解巴赫金所说的"只有有生有死的具体之人的价值，才能为空间和时间序列提供比例关系的尺度：空间紧缩而成为有生有死之人的可能的视野，他的可能的周边环境；而时间则作为有生有死之人的生活流程而具有了价值的分量"[②]。冯至在《伍子胥》中实现了一场小规模的哥白尼式变革（"哥白尼式变革"就是从"一切知识都必须依照对象"的思维方式向"对象必须依照我们的知

[①] 〔俄〕巴赫金. 巴赫金全集第五卷[M]. 石家庄：河北教育出版社，1998：37.

[②] 〔俄〕巴赫金. 巴赫金全集第一卷[M]. 石家庄：河北教育出版社，1998：64.

识"的思维方式的转变），或者说是实现了思维方式的变革。冯至把对主人公伍子胥的最终评价，变成了伍子胥自我意识的一个内容。不仅伍子胥本人的现实，还有他周围的外部世界和日常生活，都被吸收到自我意识的过程之中。由冯至的视野转入到伍子胥的视野。它们与伍子胥已经不属于同一层面，不是道并行而不相悖，不是处于伍子胥身外，而是与伍子胥共存于统一的冯至的世界中。"对他人的依赖（在自我意识和自我表白的过程中），是陀思妥耶夫斯基的基本主题之一。"[1]在《伍子胥》中，伍子胥这一人物形象的形式特征可以得到明确。出亡的整个世界呈现在伍子胥面前，而他人完全在伍子胥出亡的整个世界之中。世界对于伍子胥来说，这是视野，而对他人来说是环境。从《昭关》到《宛丘》，再来到《江上》，在这里，一个一个驿站共存于客观社会生活中。对伍子胥来说是他出亡之路的不同阶段、是伍子胥精神成长的不同阶段。这种对生命和存在的体验是刻骨铭心的。冯至没有在自己的作品中直接通过主人公陀思妥耶夫斯基式的独白把它表现出来。"这个经验只是帮助他更深刻地理解人们之间同时共存但分散而不集中的矛盾。这可不是某个人意识中多种思想之间的矛盾。"[2]也可以这么说，战时昆明

---

[1] 〔俄〕巴赫金. 巴赫金全集第四卷[M]. 石家庄：河北教育出版社，1998：88.

[2] 〔俄〕巴赫金. 巴赫金全集第五卷[M]. 石家庄：河北教育出版社，1998：36-37.

第二编
冯至的哲学世界

的社会生活,时代的客观矛盾对冯至创作所起的决定性作用,表现为冯至对这些矛盾的客观观察,通过伍子胥这一载体来呈现,而没有表现为冯至个人在自己精神形成过程中如何克服这些矛盾。

第二节 《十四行集》里的突破

1928年秋季,范希衡在冯至住室闲谈,冯至回忆:"他给我背诵了一首法语的十四行诗,背诵后又逐字逐句地讲给我听。"[1]从那时候开始,在冯至面前就打开了一扇窗。

抗战时期,冯至一家随同济大学南迁,于1938年12月末到达昆明,住在报国街和节孝巷(现在昆明"仟村百货"一带)。当时冯至任同济大学教授兼附设高级中学暨德语补习班主任。由冯姚平整理发表的《昆明日记》是冯至从1939年1月到1943年8月记载的零星日记。1939年,4月开始,日本飞机对昆明的轰炸加剧。相较于《昆明日记》和《郑天挺西南联大日记》,吴宓的《吴宓日记》记录日机轰炸时的真情实景,描绘得最为全面。吴宓对4月的两次轰炸,作了如下笔录:

---

[1] 冯至. 冯至全集第五卷[M]. 石家庄:河北教育出版社,1999:92.

四月八日　星期六

半阴晴。风。下午 1:30 空袭警报，乃呼同室赵淞雨秋。起，偕出。离校西行，至列树之河堤，与同楼居之华罗庚、陈省身等，共七人，避于村屋墙后。3:00 后，敌机七八架，飞过宓等顶上之天空。宓等卧伏地上，至 4:30 解除警报，乃偕归农校。事后，悉敌机共来二十余架。炸毁航空学校。毁屋库，损失材料器械甚巨。伤卫兵数人。或云，我机迎战不力，一架被击坠落，而敌机安然无恙归去云云。

四月九日　星期日

半阴晴。时方正午，闻空袭警报。乃与罗生伴雪梅率继华、小华，并挈小箱及文稿二包。杂汹涌奔挤之兵民人众中，出小西门，沿马路，直西行。旋入田野，沿涧堤西北行，离城略远，乃即避立堤间之壕沟内。避立及奔走之人，络绎相望，牛马亦杂其中。时天阴欲雨，久久。[①]

面对空袭警报，吴宓此情此景和当时的冯至应无二样，在生与死之间的选择可能瞬息发生。按照《吴宓日记》日记记载，在当年 8 月，日机空袭了两次。

---

① 吴宓. 吴宓日记第五册（1939—1940）[M]. 北京：三联书店，1998：19-20.

八月六日　星期日

阴。下午 1:30，甫归宓室，警报至，乃由德锡伴送至农校外……警报解除后。直载宓等至小西门。旋绕道步归，已 5:20 矣。倦甚。①

八月二十四日　星期四

晴。下午 1:00 虚传警报。西南兵士纷逃，汽车开走。宓亦随众出避，遇姚从吾、李博高等。至农校两堤上树荫立避。宓从姚君坐地上，少顷，蚁竟入身，嗣后以勿坐卧地上为宜。4:00 归舍。②

可以想象，作为冯至好友的吴宓"避立堤间之壕沟内，避立及奔走之人，络绎相望，牛马亦杂其中"，对于拥有清骨的知识分子来说，其尴尬不可名状，这类景象，冯至必定经历过。1939 年 8 月，为躲避日本飞机的轰炸，经同济大学的学生吴祥光介绍，冯至在吴父经营的昆明东郊杨家山林场的管理处院中租用了两间茅屋。8 月 20 日，"与吴祥光至金殿山后看房子，归途遇雨"。吴祥光是同济大学工学院高年级学生，家在昆明，曾经在很多方面帮助过冯至一家。9 月 6 日，冯至第一次上山，"心旷神怡"。9 月 12 日，他在日

---

① 吴宓. 吴宓日记第五册（1939—1940）[M]. 北京：三联书店，1998：45.

② 同上，第 56 页.

记中写道："此山名杨家山，农场置于20年前，价300两，周围30里。资源委员会出资三十万购全山树木，不售。"偶然的是，在20年代，哲学家海德格尔也曾在山上建个小木屋，打造自己的神庙。其经历和冯至有点相似。"（1923—1928）在迁往马堡之前不久，海德格尔在托特瑙山购得一小块地，请人在上面修建了一座十分简陋的小木屋。他自己也亲自动手。他的夫人埃尔福丽德负责组织和监督。从现在起托特瑙山就成了他退身于世界之外时的居所，也是他哲学思考的冲锋高地。从这里出发，条条道路通山下。"①杨家山林场也好像成了冯至"哲学思考的冲锋高地"，"那里森林非常茂密，又是躲避日军空袭的安全区，也是写诗的好地方。冯至一家在那里住了一年多（1940—1941），之前之后也常去那里休息、写作，有时也邀朋友们去杨家山林场聚会。诗人卞之琳（时为外文系副教授）还曾经在那里住过半月，完成了长篇《山山水水》全部初稿，这种独特氛围，使冯至所住林场不像是一个避难处，更像开的山野沙龙"②。

昆明时期，政治环境、学术环境以及生活环境使得冯至沉睡多年的创作意识被唤醒，长期的经验积淀催发了《十四行集》。在1942年2月19日和20日的日记里，连续有两天，

---

① 〔德〕吕迪格尔·萨弗兰斯基. 海德格尔传[M]. 北京：商务印书馆，1999：177.

② 余斌. 西南联大·昆明记忆：文人与文坛[M]. 昆明：云南民族出版社. 2003：19.

我们可以看到冯至日记这样写着："抄《歌德年谱》，读里尔克诗。"倒是2月23日的一行文字令人有所思，他说："夜间大风，好像把一切都要刮到天上去，黑暗中觉一身之外，毫无所有。甚惊然。译诗，未成功。"宇宙之大，人间之渺，世事变化之快，是冯至进行十四行二十七首的背景，"死亡"与"变化"是作者经常考虑的字眼。无法想象冯至创作第一首时的微妙心态，我们只能透过现有的文字去进入他的世界。3月，日机没有空袭昆明。在1942年3月12日、3月14日、3月21日的日记中，冯至都言明在写诗，特别是在3月21日，冯至在当天的日记中还录下了贾岛的诗"独行潭底影，数息树边身"，以及"二句三年得，一吟双泪流，知音如不赏，归卧故山秋"。这是不是可以看作冯至自身对《十四行集》的评价，我们无从得知，但的确可以体会到《十四行集》破茧而出的艰难。

陈思和认为《十四行集》是前后相互关联的六个乐章，是指向诗人内心的聚合和心灵的言说。有的研究者认为，《十四行集》中的《我们站在高高的山巅》《我们来到郊外》《我们有时度过一个亲密的夜》《我们听着狂风里的暴雨》《我们天天走着一条小路》是把作者单一的生活体验主体转换为集体性述说。在《十四行集》中，以单数第一人称"我"作为表述者的诗篇也有，或是对树木和小草这些自然生物和人文景观表达钦佩和赞美的内心话语，或是对历史人物表达着纪念和礼赞。巴赫金认为在作品中有主人公时才有艺术作品和审美观照,只有针对一个确定的主人公,才能彻底判定作者的情感意志取向。在作品中"应该做的只是区分实际的主人公、表现出来的主人公和潜在的主人公,后者仿佛力图挣破每一艺术观照对象的外壳。的确,为了弄明白作者对审美整体及其每一成分所持的价值立场,在没有确定的主人公的地方,至关重要的是把蕴含在观照对象身上的主人公潜能释放出来,实现某种程度上确定的形象"[1]。《十四行集》中的主人公有的具有唯一性,是单线条的,有的是实际的主人公,有的是表现出来的主人公,还有的是潜在的主人公,当然,在《有多少面容,有多少雨声》等诗歌中,"我"和"我们"的人称交错出现,有时混合无差异的使用和自由转换。"我从自己唯一的位置上抽象出来,我仿佛脱离了自我,这本身就是一种从我唯一位置出发的负责行为,而通过这一途径获得的内容上的认知(即可能有的固定不变的存在实况)应该再得到我的表现。我从自己唯一的位置上抽象出来,我仿佛脱离了自我,这本身就是一种从我唯一位置出发的负责行为,而通过这一途径获得的内容上的认知(即可能有的固定不变的存在实况)应该再得到我的表现。"[2] 这如同"陀思妥耶夫斯基艺术观察中的一个基本范畴,不是形成过程,而是同时共存和相互作用。他观察和思考自己的世界,主要是在空

---

[1] 〔俄〕巴赫金. 巴赫金全集第一卷[M]. 河北教育出版社, 1998: 97.

[2] 同上,第49页.

间的存在里，而不是在时间的流程中"①。

20世纪二三十年代。流行一时的白话诗，追求的是通俗易懂。在一定层面上，这忽略了诗歌本身的特征。20世纪30年代，梁宗岱等人有关"纯诗"的诗歌理论渐现并且逐步强大。作有余香的诗歌，写值得回味的诗歌，开始成为一种追求。深受魏尔伦和瓦雷里等法国象征派诗人影响的"纯诗"理论和创作是针对早期"诗歌平民化"的理论提出来的。"诗歌是贵族的"是当时的诗人康白情所认可的理论。纯情诗与当时的社会现实还是有一段距离，抗日战争的爆发，人们生存的环境开始发生改变。在战火纷飞的年代，逃避现实的诗歌，几乎已经没有生存空间的可能。按照朱自清的观点，抗日战争前后的诗歌，经历了从散文化到纯诗化，又回到散文化的路径，但是，有着鼓点般节奏的诗歌终究缺少点韵味。基于这种现状，卞之琳、冯至开始寻求突破，冯至的《十四行集》应时而生，成为典范。与此同时，冯至等人对诗歌的哲学思考，直接启示了九叶派诗人及其后来者。

不可否认，当我们探讨《十四行集》里的突破的时候，将冯至和梁宗岱进行比较，是一件很有意义的事情，因为在中国新诗现代化发展进程中，在诗歌经历了从散文化，到纯诗化，又回到散文化的路径中，冯至和梁宗岱的角色有着不可替代的里程碑式重要作用。梁宗岱在中西诗学比较中，形

---

① 〔俄〕巴赫金. 巴赫金全集第五卷[M]. 石家庄：河北教育出版社，1998：37.

成了其独有的"纯诗理论",在姜白石式"燕雁无心"中带领我们进入诗学世界;冯至的诗学理论多在艺术实践中呈现,重在对生命思考的拓展,对中西自然观的提升以及对现代性的不懈探索。当然,在理论探究中,他们在一定层面上也存在诗学分歧。梁宗岱认为诗歌是自我最高的表现,他在自己的文集中,用白朗宁夫人的十四行诗以及魏尔仑的《智慧集》等来阐述这种观点。他认为中国诗人应该注重艺术修养,应该"热热烈烈地生活,到民间去,到自然去,到爱人底怀里去,到你自己底灵魂里去"[①]。他认为文字要表现诗人的内心生活,表现特殊的感觉,表现特殊的观察。他新诗中的才气横溢,诗论中的真知灼见以及外语文学翻译,都带有梁宗岱独特的个人印记。从冯至《十四行集》和《山水》的基本主题,我们发现其诗歌表现体位与梁宗岱存在不同,冯至在诗学中对生命、对生存的思考和追问是在文化观念上探寻中国变动的目标和方向。在西南联大时期,面对国家危难以及自身长期的思考、经验的积淀、生活的积累,使得冯至在诗歌中对个体生命和人类命运有了一种更深层次意义上的认识并获得普遍意义。

梁宗岱指出:"我们要追寻不常有的字,和不可思议的偶合;我们要在无力里挣扎尝试着音与义底配合,要在光天

---

① 梁宗岱. 论诗 [M]// 梁宗岱文集第Ⅱ卷. 北京:中央编译出版社,2003:29.

化日中创造一个使做梦的人精力俱疲的梦魇。"① 深受法国象征主义影响的梁宗岱追求词的相互共鸣,追寻声光色香俱现的诗歌世界。我们可以看出,梁宗岱所信奉的象征主义是通过小我的灵性去完善诗艺。冯至按照歌德"从特殊到一般"的创作规律进行创作,这种创作规律显然有别于里尔克的"诗是经验",因为它更深层次地探讨了诗的本质,这种创作规律着重于观察自然,着重于思考现实。有着强烈哲理美追求的《十四行集》就是这种创作规律的呈现。冯至诗歌感悟个体生命的存在,表达人世间和自然界万物相连、息息相通的哲理;诗歌本身所追求的是力图挽救中国、改造社会的大众化效果。梁宗岱指出:"诗人的妙技,便在于运用几个音义本不相联署的字造成一句富于暗示的音义凑泊的诗。"② 这和马拉美对诗歌语言本质的揭示、对诗歌暗示性的美学思考有异曲同工之妙。冯至却认为,"诗要有真情实感",突出一个"情"字和一个"真"字,"讲真话,保持童心,面向广阔的时空"。在他看来,诗歌应该反映时代,"诗不是文字游戏。诗应该是一个时代的心灵记录和历史见证"。冯至曾经引用过法国纪德的一句话回答过记者,他说:"诗人讲真话既是美学上的也是伦理上的"。

梁宗岱指出:"形式是一切艺术的生命,所以诗,最高

---

① 李振声. 梁宗岱批评文集 [M]. 珠海:珠海出版社,1998:16.

② 同上,第139页.

的艺术，更不能离掉形式而有伟大的存在。"[①]在诗歌格律上，他偏重于对法语音律的借鉴。他认为格律是为创作设立某种条件，是磨炼身手，其结果是使作者创作之后感到更坚强、更自信和更自立。他指出，"我想，镣铐也是一桩好事（其实行文底规律与语法又何尝不是镣铐，尤其是你自己情愿带上，只要你能在镣铐内自由活动。"[②]梁宗岱用镣铐束缚跳舞这样一个形象的比喻，来探讨了自己对于诗歌格律的认识。

与梁宗岱一样，冯至也很看重新诗的格律，但他认为，"《民间诗律》和那些人为的诗律相反，其中的律例都是从富有生命力的民间诗歌里归纳出来的……它没有拘忌，反而发扬真美；它不束缚，反而启发思路，它扩大读者的视野，人们得到的是活的诗律知识。"基于这样的观点，他偏向于向中西民间诗律学习，偏重于对德语音律的营养。冯至考虑得最多的是语调的自然，他既"不同意诗的过分散文化，也不喜欢过于严格的格律诗"，这种全新的审美取向，让我们读到了与意大利的十四行集迥然不同的充满清新气息的《十四行集》。不过，在诗歌的形式和技巧方面，冯至谈的多的是推敲的必要和语言的吸收，很少谈表现形式和技巧的继承。在德国期间，梁宗岱曾经评点过冯至的作品，从那时起，两人私交甚厚。虽然在新诗格律理论，在诗歌功利性以及象

[①] 李振声. 梁宗岱批评文集[M]. 珠海：珠海出版社，1998：127.

[②] 同上，第25页.

征主义借鉴上，梁宗岱与冯至态度有所不同，有诗学分歧，但这毫不遮掩他们在新诗现代化进程中所绽放的璀璨光芒。对中国新诗来说，冯至和梁宗岱的出现具有美学革命的意义，在分析他们诗学分歧的同时，我们看到，有中西文化艺术背景的冯至在《十四行集》里面对意象艺术的处理比较特别，这种特别体现在作者面对自然和社会平常物象所做的一种远距离人生观照。这种人生关照表达了作者在纷乱年代的人生感受和生命体验，通过主体和物象的契合呈现出中国传统文化的元素与思维特征的复杂联系。这种艺术创造的是个性化的智性美。如果我们把两人的诗学理论结合起来，就能深刻地理解《十四行集》里的突破，就能全方位领略中国新诗美学的那般独特魅力。

第三编
冯至的理想人格

西方心理学家荣格曾言："一切文化最终都沉淀为人格。"中国古代士人，最为看重的也是人格。范仲淹以"先天下之忧而忧，后天下之乐而乐"立志持节、振奋士林，东汉高士严光得到过范仲淹的赞誉，称之为"云山苍苍，江水泱泱。先生之风，山高水长"（《严先生祠堂记》）。"临大节而不可夺"（《霍光传》）是中国古代士人在人格上的最强音。中国古代士人的理想人格体现"在对个体内在生命精神的珍惜，体现在追求内在精神超越的文化品格"[①]。冯至深受中国传统文化的影响，我们应该怎么看待冯至所追寻和努力构建的理想人格呢？柳鸣九这样评价，"冯至先生是中国社会主义文化领域里的圣人、圣徒，窃以为，他的后半生是他的圣人时期、圣徒时期，他的圣人情怀、圣徒情结及其时代历史根由、个人思想发展渊源，应该成为冯至研究中的一个重要课题。"[②]1979 年 8 月，冯至曾经写过《自传》，对自己进行自我否定，后来在 1988 年 12 月举行过修改。《自传》中说，"回想 50 年代后期、60 年代初期，在'左'的路线影响下，写过些不实事求是并有违心之论的文章，甚至对于自己过去

[①] 张毅. 宋代文学思想史 [M]. 北京：中华书局，2016：34.

[②] 柳鸣九. 一位圣徒式的人物——写于恩师冯至先生诞辰 110 周年 [N]. 文汇报，2015.9.12.

的作品，有时也迎合时尚，给予不公允的批评。"[①]1989年7月7日，冯至写过一份遗嘱，1990年12月重抄，这份个人信函里有这么一句，"希望与我有关系的后代，老实做人，认真工作，不欺世盗名，不伤天害理，努力做中华民族的好儿女"。字字饱含深情。

冯至的理想人格体现在他的为学与人品，具有独立人格与天地精神，既高洁脱俗又澄淡光明。冯至的理想人格超越了中国古代学人简单意义上的养心治性，他不仅仅将中国传统诗歌中潜隐的自持、自适的功能发展为自觉的审美体验，还结合十四行等载体，构成了他独一无二的精神特质。在人生选择与追寻的过程中，他将个人理想融入中华民族救亡图存之中，不断自我完善。这是他一生中最重要的品格。冯至对于自我理想人格的追寻和构建，经历了一个不断成长和完善的过程。

冯至追求人格的独立与真性情是从他早期赴德读书求学开始的，季羡林说，"近代以来，出国留学本身就是救亡图存的历史产物。留学生以其高远的眼光、敏锐的洞察力与强烈的使命感，一直是中国革命和社会运动的先驱。……'凤凰涅槃、浴火重生。'70年前中国人的焦虑是'救国'，今天中国人的目标是要'强国'。缅怀历史，可以更深切地认

---

① 冯至. 冯至全集第十二卷[M]. 石家庄：河北教育出版社. 1999：611.

知今天的存在并推测未来的走向。"①

抗日战争爆发之时,冯至正在德国,德国成为法西斯轴心国后,中国的留德教育由盛开始转衰。

1929—1937 年历年赴欧美各国的留学人数②

国 年	美	英	德	法	比	合计
1929	272	49	86	165	56	628
1930	158	16	66	142	42	424
1931	115	25	84	106	26	356
1932	99	56	64	108	10	337
1933	186	75	68	45	14	388
1934	254	121	61	42	16	494

从上表可以看出,1930 年,到德国留学的学生为 66 人,从 1929 年到 1932 年,每年的中国留学生均排在中间位置,屈居美国和法国之后。1933 年后,情况发生变化,人数开始逐年减少。

抗日战争初期,大部分的留德学生回到国内,像 20 世纪 20 年代一样赴德留学已无可能。第二次世界大战爆发后,赴德留学完全中止。"战时,因为经费不足,加上路途遥远,

---

① 季羡林. 留德十年 [M]. 北京:东方出版社,1992:3.

② 王奇生. 留学与救国——抗战时期海外学人群像 [M]. 桂林:广西师范大学出版社,1995:21.

200余人滞留德国。"①盟军在欧洲战场对法西斯国家进入战略反攻开始后,"留德学生有的辗转来到北欧一带谋生,有的历经艰辛回国,大多数人进入德国工厂做工维持生计,还有少数留德学生被抓进法西斯集中营,惨遭迫害"。即使在这种情况下,留德中国学生仍然胸怀报国之志。有研究者记录了当时留德学生支持抗战的一些史料。"1932年2月留德中国学生获悉马占山在江桥阻击日军北犯,打响了抗日第一枪,十分振奋,推举贡沛诚为代表,回国向马占山表达中国留德学生的敬意。"②"12月留德学生胡兰畦因参加德共反法西斯活动而被捕,在德国女牢中关押数月。"③1932年,留德中国学生先后创办《反帝斗争》《反帝战线》《尖哨》《海外论坛》《抗日战线》等救国刊物。"1933年12月是年中国在法国的留学生700名,在英国的留学生400名,在德国的留学生470名,在比利时、荷兰、奥地利的留学生448名。"④1934年1月28日留德学生和华侨成立抗日同盟会,出版《抗日前线》等刊物。冯至与这些刊物的详细联系,所知史料较少,但他对抗战刊物的态度,从冯至回国后就积极开始中德学会的工作仍可见一斑。"1935年6月,程天放出任国民政府驻德大使,此后运用各种手段压制留德进步学

---

① 季羡林. 留德十年 [M]. 北京:东方出版社,1992:9.
② 王奇生. 留学与救国——抗战时期海外学人群像 [M]. 桂林:广西师范大学出版社,1995:297.
③ 同②,第298页.
④ 同③.

生的抗日救国活动。"[1]1935年9月，冯至回国。

  冯至从威尼斯登上前往上海的邮轮，9月初抵达上海的时候见到杨晦，杨晦告诉他，"不要做梦了，要睁开眼睛看现实，有多少人在战斗，在流血，在死亡。"[2]振聋发聩的提醒，让冯至很快开始面对中华民族的现实。十年后，冯至的好友，同样在昆明授教的哲学名家贺麟，开始反思康有为以后有关中国哲学发展的问题，他说，"中国问题面临的，是一种能够同时探明中国和西方思想深度的前所未有的挑战。"[3]且不论贺麟对中国问题的看法的局限性，他对这一问题的看法，表明当时的知识分子（包括冯至），不得不面临着一种反思，起码是一种文化反思，因为，许多进步知识分子，还很难从国民党反动统治的桎梏中脱离，有意识地去进行政治反思。

---

  [1] 王奇生.留学与救国——抗战时期海外学人群像[M].桂林：广西师范大学出版社，1995：300.
  [2] 冯姚平.给我狭窄的心，一个大的宇宙：冯至画传[M].南昌：百花洲文艺出版社，2015：48.
  [3] 〔美〕墨子刻.摆脱困境——新儒学与中国政治文化的演进[M].南京：江苏人民出版社，1996：3-4.

第三编
冯至的理想人格

第七章 西南联大时期：民族意识的呈现

傅斯年在1932年曾经说，"'九一八'事变是我们有生以来最严重的困难，也正是近百年中东亚史上最大的一个转关，也正是20世纪史上三件最大事件之一。"[①]北平和天津沦陷以后，北京大学、清华大学和南开大学奉国民政府教育部的命令，南迁长沙合组新校，定名为长沙临时大学。"1937年底南京陷落，日军自华北而华中步步进逼，武汉震动，长沙临时大学又奉教育部之命于1938年初再迁云南昆明。4月2日，迁到昆明的临时大学更名为国立西南联合大学。西南联大共设5个学院，26个系，2个专修科，1个先修班。全校学生人数一般近3000人，是战时中国规模最大的高等学府。西南联大自1938年5月4日在昆明正式上课，至1946年5月4日宣告结束，整整8年。8年中，联大先后聘任过778位教师。常年保持在350人左右。"[②]1939年，西南联合大

---

① 王奇生. 留学与救国——抗战时期海外学人群像[M]. 桂林：广西师范大学出版社，1995：90.
② 萧超然等. 北京大学校史（增订本）（1898—1949）[M]. 北京：北京大学出版社，1988：329-330.

国立西南联合大学旧址

学拟聘请冯至为外国语文学系教授,当年6月23日,冯至在日记中记载,"与叶公超接洽联大课程"。7月22日,"杨今甫、沈从文在蒋先生家中宴客"。蒋梦麟是北京大学校长。西南联大成立后,参加了由三校校长和秘书主任组成常务委员会,领导西南联合大学工作。8月7日,"收到北大聘书"。

西南联大生活改变了冯至,因为在多难之秋的这个时间节点,按照研究者的观点,一场思想运动正在形成,冯至是运动中的主要参与者。"正当面临着本民族持续的经济和政治危机、中国知识分子愈来愈多地转向马克思主义时,这个主张重新思考中国传统'精神'和现代问题之间相互关系的具有多重面貌的思想运动,在位于昆明的国立西南联合大学,即战时中国知识分子的中心,完全形成了。"[①] 也正是在这个时候,包括冯至在内的许多深受中国传统教育的优秀学者,开始从自觉地同情进步学生、支持进步刊物转变到主动投身于抗日救亡的洪流之中。

---

① 〔美〕墨子刻. 摆脱困境——新儒学与中国政治文化的演进 [M]. 南京:江苏人民出版社,1996:9.

第一节　鲁迅等对其民族意识形成的影响

民族意识是社会的重要精神支撑和指引方向。在社会发展的不同时期，我们都需要民族意识和民族精神，民族意识能支撑和鼓舞人们为了民族的发展而奋斗。鲁迅是从不同维度来探讨民族意识和国家观念的维度，他按照自己的价值观分解了所有涉及民族意识和国家观念的问题，以他特有自我体察方式和历史经验与来寻求答案。这种多重维度的民族意识支撑了鲁迅一生的思想。冯至延续鲁迅的思路，借助文化命题来展开对民族和国家的陈述，他在文字中没有盲目地从西方引入这个概念，而是理性地对待传统文化，同时也严谨地打量着现代文明，从自身生成的概念出发向前追溯。冯至与鲁迅一样，都是立足现实世界的生存主义，而不单纯是为了建构现代民族国家的理想主义。

对于鲁迅对冯至的影响，汉学家顾彬这么认为，"中国现代文学之父鲁迅与冯至存有师生之谊，因而冯至的十四行诗中鲁迅影响的痕迹也是明晰可辨的。"[①]鲁迅在自己的作品中，以不同的形式强调唤醒民族意识的重要性。鲁迅毕生所追求的就是对国人精神进行反思和警醒，他想通过自己的文章来启迪国人"悟己之为奴"。与冯至诗歌和杂文中用温和的语言表达民族意识有所不同的是，鲁迅的语言平实，笔

---

① 〔德〕顾彬. 路的哲学——论冯至的十四行诗 [J]. 中国现代文学研究丛刊, 1993（2）：671.

锋犀利，描写入木三分。他批判人性的缺陷，抨击专制主义制度下扭曲的人性和社会。鲁迅和冯至在社会描述上的相同之处在于都如实客观描写社会环境的艰难，鲁迅更多的是用嘲讽和无奈的语气进行描写。鲁迅在描写中透露出的是嘲讽和无奈。在其作品中，无论是《狂人日记》还是《离婚》，主人公面对社会的抗争，均是以失败而告终，封建思想残酷的吞噬了主人公的自由独立。鲁迅是通过塑造哀其不幸又怒其不争的人物形象，来唤起中华民族的觉醒，树立民众斗争精神和民族意识。冯至是通过正面塑造这一方式，为抗战时期渴望探索民族出路。披荆斩棘的中国人提供了伍子胥这一英雄形象，引导人们对民族意识的树立。此外，鲁迅对冯至的影响还表现在对民族的深刻反思与批判意识。作为新文化旗手，鲁迅对民族意识的基本表现形态，始终与我们民族解放和进步息息相关，饱含了他本人对中国现代民族国家建构和真正意义上的"人"的殷切期待。这种期待，到了抗战时期，在其学生冯至身上，就愈发显得急迫。

全民抗战的时代和社会为冯至提供了舞台，允许他借助于文学艺术和个人能力来表现植根于社会和历史土壤中的欢乐与痛苦，与其相应的是抗日话语和阶级话语的使用以及激活潜藏的民族意识。这些体现着鲜明的时代特征。冯至作品民族意识随时间维度的变化而呈现多重性。从宏观角度来看，冯至回国前后是段沉默期，这是对异族入侵的愤懑情绪的直接表现期，也是对时势的冷静观察期。随着民族危机的加深，冯至认识到传统文化与民族存亡之间的相关性，认识到保存民族意识的一种非常切合实际也非常有效的方式就是借助书写弘扬民族传统文化，从而提高民族的自信力。民族意识的变化，也体现在他对民族命运体认的变化上。除了《伍子胥》，冯至对民族意识的基本表现，还集中体现在他在昆明时期发表的一系列随笔和杂文中。冯至在《自传》中回忆，"这七年的后期，昆明民主运动蓬勃发展，社会上出现了一些小型周刊。这些周刊的政治背景并不一致，但总的倾向是对国民党的反动统治和社会上的腐朽现象表示不满，有的给予抨击，有的进行批评，有的只限于嘲讽。我应这些周刊的要求，写了不少杂文和抒情的散文。"[1]

20世纪40年代前半期，对国土沦陷后国民心理的审视成为冯至书写的重点。发表在《自由论坛》《生活导报》等期刊以及收录在《鼎室随笔》中的一系列文章渗透着冯至的生命体验和人生感受，可以窥见他内隐的对于民族未来的担忧和对抗战精神力量的寻求，表露其深厚的民族忧患意识。

在1943年8月8日昆明《生活导报》发表的《认真》一文中，冯至面对日常用具的制作者漫不经心的态度，他问，"有时真会感到悲伤，一个民族的心到底都用到哪里去了？"[2]

---

[1] 冯至. 冯至全集第十二卷[M]. 石家庄：河北教育出版社. 1999：609.

[2] 冯至. 冯至全集第二卷[M]. 石家庄：河北教育出版社. 1999：4.

从日常生活出发，他想到了政治的组织者，"如果我们把政治的组织看成是一个最实在、最复杂的艺术品，那么政治的组织者—也就是一个最精练的'艺术家'——定会把这组织里的任何一个罪恶，任何一种欺骗看成他眼中的荆棘。但若是我们所从事的工作尺寸不求精确，缺陷不想补充，错误不知纠正，罪恶不能铲除，而我们仍然继续敷衍下去，那内心里该有多么荒凉！"①

在1943年8月15日昆明《生活导报》发表的《一个希望》一文中，面对现实，面对有人忘记历史，面对民族失去自尊心的时候，冯至说，"一个人，一个民族（甚至一种生物），再也没有比失却他自己的本来面目更为可悲的了，不管这人是多么强壮，这民族是多么膨胀，更不用说他若是在贫弱的状态里。"②我们这个民族究竟应该怎么办，他提出了希望，"需要一个真实的'再生'，把一个民族在它少壮时代所有的做人的态度恢复过来。"③"当我们想到我们民族里过去的伟人时，我们肯问一问：我们现在是否还能感到他们曾经感到过的事物，他们的血是否还在我们的血管内循环？"④

在1943年10月17日昆明《生活导报》发表的《书店所见》一文中，看到儿童缺少读物，冯至感慨，"儿童的世界

---

① 冯至. 冯至全集第二卷 [M]. 石家庄：河北教育出版社. 1999：6.

② 同上，第11页.

③ 同上，第12页.

④ 同上，第12页.

不要让它太荒芜了才好。因为他们要生长，要预备将来在和平时成为一个健全的人，而健全的人多半是从一个不很偏枯的童年里培养出来的。"看到士兵围着阅读旧报纸，他说，"他们需要知识：在服役期需要知识，为了将来抗战胜利解甲归田后更需要知识。而他们在为国家服务时所得到的精神营养似乎比物质营养还贫乏。"

1944年1月，冯至在昆明《生活导报》发表《传统与"颓毁的宫殿"》一文。在这篇文章中，我们能够感受到冯至正逐渐将思考人生与社会的重心，从"小我"走向"大我"，他说，"若要使一个民族增加自信心，促使它努力自强，也许能从对于过去的光荣的怀念里吸取鼓舞的力量，为了这个目的，纵使给过去加上一点理想的色彩也无妨。"[1]当谈论到继承传统的问题时，他认为，"我们要成为一个现代的国家，急起直追还怕来不及，哪能再容受那些无用的回忆与徒然的争执来搅乱我们的内部呢。"和"五四运动"时期许多文人一样，在冯至的随笔和杂文中，我们能够感受到明显的"鲁迅风"。鲁迅在早期曾经也接受过较为严格而全面的中国古典文学训练。"但他与那些对中国传统文化抱有完全拒斥态度的文人不同，即便他在抨击传统文化最为激烈的时候，他也从未否定传统与现代之间千丝万缕的联系。他曾在1934年4月9日致魏猛克的信中谈到，任何一种新的艺术都有其根基，

---

[1] 冯至. 冯至全集第二卷[M]. 石家庄：河北教育出版社. 1999：25.

它总是或多或少受到传统的影响。有些年轻人把'吸收'和'模仿'混为一谈，认为对传统的吸收意味着一味模仿传统，向传统妥协，这种理解是错误的。"①冯至传承了鲁迅的这一观点。

冯至将鲁迅对内批判的精神，作为其重要思想资源。鲁迅以文学的方式为中国现代民族国家意识的建构奉献了深刻的精神与文学遗产，他始终致力于现代转型的精神基础，其以文学方式展开的国民性批判，成为现代民族国家话语的重要组成部分，在内涵与形式两个方面为中国现代文学的生成和发展做出重要贡献，成为中国现代民族国家意识的组成部分。在1948年5月写于北平的《鲁迅先生的旧体诗》中，冯至说，"他一切的诗都可以说是在怒向刀丛时觅得的，我们若懂得这一点，便会了解他为什么抛弃了所谓温柔敦厚的传统，毫不容情地写出中国大地上的荒凉，太平景象中的死寂，并且不断地揭露那虚伪的光华——而胸怀里始终充溢着一个战斗者的爱憎分明。"②

虽然传统研究认为抗战时期的冯至坚持自由主义立场，但是笔者认为，与同时代自由主义者相比，冯至并不算作一位完全意义上的自由主义者。在文化背景特殊的文化场域，

---

① 转引自乐黛云. 北美中国古典文学研究名家十年文选[M]. 南京：江苏人民出版社，1996：649.

② 冯至. 冯至全集第二卷[M]. 石家庄：河北教育出版社. 1999：140.

冯至作品延续了"五四"时期鲁迅批判国民性传统，充分体现出民族意识的传承和现代化进程。在阶级利益与国族的前途等问题上，冯至作品特别是随笔试图在文学的世界中，突显出对个体生命的尊严与价值的关注，以及由个体至民族的自由与解放的终极期许。其理想的个体是一个"完整的人"，怀着赤子之心与自然生命息息相通，在生命的一次次抉择中表现出对责任的勇敢承担。与"战国策"派等借用尼采等人的思想大力宣言"战国时代"与"力的政治"不同，冯至与"战国策"派在民族意识上的诉求存在差异。

传统研究还认为，雅斯贝尔斯的生存哲学也影响了冯至创作。有些研究者忽略了雅斯贝尔斯所主张的"真正的哲学直接产生于个体哲学家在其生存环境即历史环境中所遭遇的

鲁迅（1881年9月25日至1936年10月19日），浙江绍兴人。著名文学家、思想家、民主战士，五四新文化运动的重要参与者，中国现代文学的奠基人。毛泽东曾评价："鲁迅的方向，就是中华民族新文化的方向。"

问题"哲学观，因而无法挖掘在家国存亡之秋，冯至用哲学语言发出的呼声。世界哲学是雅斯贝尔斯借助于"交流"这一思想超越民族和文化的地域主义，进而"获得全人类的、超越所有信仰之上的共同的东西"，他的世界哲学实践向人们揭示了人类共同的未来。我们可以明确地看到，冯至在其作品中融入了鲁迅、雅斯贝尔斯等人的内涵。在20世纪40年代的诗歌中，冯至对民族意识的思考从个体生命扩展到人类命运，由此获得普遍意义。

　　冯至的作品具有世界文学的视野和对人类普泛情感的关注，他将带有传统和异域痕迹的生命体验带进了中国现代文学的整体中来，挖掘民众深层心理积淀和已生发出的转变的萌芽，丰富和发展了人类命运共同体背景下文学作品民族意识的现代性。冯至在东西方两种文化的影响下对民族意识不懈地探索和超越使其自身走向了成熟完善。

冯至在昆明时期发表的随笔和杂文

序号	篇名	原载期刊
1	认真	原载1943年8月8日昆明《生活导报》
2	空洞的话	原载1943年9月12日昆明《生活导报》
3	一个希望	原载1943年8月15日昆明《生活导报》
4	忘形	原载1943年10月3日昆明《生活导报》
5	书店所见	原载1943年10月17日昆明《生活导报》
6	读书界的风尚	原载1943年11月13日《春秋导报》

续表

序号	篇名	原载期刊
7	传统与"颓毁的宫殿"	原载 1944 年 1 月昆明《生活导报》
8	界限	原载 1944 年 4 月昆明《生活导报》
9	自慰	原载 1944 年 4 月昆明《生活导报》,系"鼎室随笔"之二
10	外乡人与读书人	原载 1944 年 4 月昆明《生活导报》,系"鼎室随笔"之三
11	替将来的考据家担心	原载 1944 年 4 月昆明《生活导报》,系"鼎室随笔"之四
12	小学教科书	原载 1944 年 4 月 9 日《生活导报》第 63 期,系"鼎室随笔"之五
13	逐求	原载 1944 年 5 月昆明《生活导报》,系"鼎室随笔"之六
14	问与答	原载 1944 年 5 月 21 日昆明《生活导报》第 69 期。系"鼎室随笔"之七
15	诗与事实	原载 1944 年 12 月昆明《生活导报》,系"鼎室随笔"之八
16	一首陆放翁的诗	原载 1945 年 3 月昆明《自由论坛》周刊,系"鼎室随笔"之十
17	"这中间"	原载 1944 年 11 月昆明《自由论坛》周刊,系"鼎室随笔"之九
18	阿果尼	原载 1945 年 4 月 21 日昆明《自由论坛》周刊,系"鼎室随笔"之十一
19	简单	原载 1944 年昆明《自由论坛》周刊,第 30 期
20	教育	原载 1945 年 2 月昆明《中央日报·星期增刊》
21	八月十日灯下所记	原载 1945 年昆明《自由论坛》
22	纪念死者	原载 1945 年 9 月昆明《中央日报》

第二节　冯至与《文聚》等进步刊物

有人说，"战争，是一切文化最残暴的摧毁者，同时又是文化最强有力的创造者。"①弗·梅林曾经在自己的文学论文集中论述歌德生活的时代，以此来论述战争与文化的相关联系。在新的时代精神以及伟大历史浪潮的冲击下，敏锐观察现实的歌德，对落后的德国没有无动于衷，而是在沉思现实，他指出，"德国人悲惨的历史给他们带来了厄运，使他们只能在思想上和诗歌里欢迎这新的开天辟地的日子，只能在文学领域里进行他们的革命。"②歌德时代的德国人是在"文学领域里进行他们的革命"，在烽火硝烟的西南联大，又何尝不是如此。有一部分师生，仍然保持着精神上的诉求和对生命的思考，作为一个在战争年代的特殊文学群体，形成了一道特殊的文学景观。

我们知道，由于中西文化差异，"西方的'什么'问题通常以这样的方式表达：'有哪一种事物？''将世界理解为什么？'或简单地说：'这是什么？'这样的问题是对事实和原理加以分类的结果，这有助于人们对于我们周围的世界进行调查和分类编目。与此不同，中国人的'哪里'问题

---

① 〔德〕吕迪格尔·萨弗兰斯基.海德格尔传[M].北京：商务印书馆，1999：87.
② 〔德〕歌德.歌德文集第四卷[M].北京：人民文学出版社，1999：5.

导致寻找正确的道路，以及那些引导人们遵循那种道路的恰当的行为方式，这种道是一种生活方式和安身立命之处。"①这时，受中西文化洗礼的冯至在抗日战火中已将自己的思想从浪漫的海德堡大学的回忆中"脱皮"，他将自己的身心紧紧地拥抱祖国大地，开始有意识地改变自己的生活方式，寻找自己的安身立命之处。

冯至在西南联大所授课程是很受欢迎的，诗人郑敏曾经回忆，"1939年我进了西南联大，因为想到哲学自学很困难，我就临时决定不入外语系，改修哲学系。但在选课和旁听时选了闻一多先生的楚辞，沈从文先生的中国小说史和冯至先生的歌德。这些文学课自然都是当时喜爱中外文学的学生所心向往之的课。这些课丰富了我当时年轻的想象力，加上昆明是一个这样迷人的地方，使得我不得不找一种方法抒发我的感受，这样我就开始写诗了。"②冯至的渊博知识成就了学生，优秀的学生也接纳了冯至。1939年9月（也有研究者认为是1940年初）"冬青文艺社"成立。"冬青文艺社"是西南联合大学学生组织的进步文艺团体，它的前身是一个名叫"群社"的社团文艺小组，是由中共地下党员发起组织的，是当时地下党领导的外围组织。"最初成立于1938年底，以

---

① 〔美〕郝大维，安乐哲. 汉哲学思维的文化探源[M]. 南京：江苏人民出版社，1999：106.

② 郑敏. 诗歌与哲学是近邻：结构—解构诗论[M]. 北京：北京大学出版社，1998：495.

后才发展成独立的文艺团体'冬青文艺社'。这是'西南联大'文艺社团中历史最久、影响也最大的一个。……他们聘请闻一多、冯至、卞之琳这几位教授为导师，出版专门刊登杂文的《冬青》壁报。"[①]1940年10月19日，在冯至《昆明日记》中写道，"早上山，晚下山，应冬青文艺社鲁迅逝世四年纪念会讲演，接洽人为袁方、杜运燮。"袁方是西南联合大学社会学系学生，后来，曾任北京大学社会学系系主任、国际劳工组织中国人力资源开发网主席团主席及北京市人民政府顾问。杜运燮也是西南联合大学外国语文学系学生，是诗人、翻译家，后任职于新华社国际部。1942年，学生团体"文聚社"文学刊物《文聚》开始发行。《文聚》的创始人是林元，原名林抡元，1938年考入西南联合大学。作为群社的骨干分子，林元和他人一起主编过群社机关报《群声》壁报，同时负责编辑《冬青小说抄》，另外它还是文艺壁报《边风》的主编。西南联大先后几次遭到当时国民政府的政治压迫，第一次是在"皖南事变"以后，国民党复兴社头目康泽到西南联大抓进步学生；第二次是"倒孔运动"后，康泽再次来昆明追查主谋。按照西南联合大学地下党的指示，林元隐蔽到昆明西郊海源河畔一户广东老乡家，直至半年后才返回西南联大。

有关《文聚》的文学史料较少。林元原来就是群社和冬青文艺社的成员，他在皖南事变后，开始筹办文艺刊物《文

---

① 陈伯良. 穆旦传[M]. 北京：世界知识出版社，2006：57.

聚》。林元回忆,"我是读中文系的,平日爱学习写点散文、小说,不甘寂寞,便在十月间和马尔俄(蔡汉荣)、李典(李流丹)、马蹄(马杏垣)等商量办一个文学刊物。穆旦(查良铮)、杜运燮、刘北汜、田堃(王铁臣、王凝)、汪曾祺、辛代(方龄贵)、罗寄一(江瑞熙)、陈时(陈良时)等同学不但自己积极写稿支持,还出主意和帮助组织稿件,这就也成为文聚社的一分子了。这些人中,多数是群社社员,或参加过群社的活动,有的是冬青文艺社社员。马杏垣、王铁臣是地下党员。冬青社是群社的一个文学小组扩展成的,原属于群社。马杏垣、王铁臣都是地下党员在群社或冬青社里的积极分子。"[1] 在《昆明日记》中,有 1942 年 3 月 10 日学生地下党员王铁臣来拜访冯至的记载。"晚冬青社刘、王二君来,交给他们译里尔克诗一首。"刘、王二君即刘北汜和王铁臣,两位都是西南联合大学学生,前者在新中国成立后任职于中央文史研究馆,后者后来更名为王凝,在新中国成立后任外交部办公厅主任。冯姚平在《父亲冯至在西南联大》一文中,回忆了冯至与《文聚》的创始人林元的交往,"林元是组稿的能手,常来我家和父亲谈他的出版计划,父亲在他的刊物发表了散文、诗歌、小说和翻译。后来,林元在回忆文章里写道:'发表文章最多的是冯至。'他们成为朋友,

---

[1] 林元.一枝四十年代的文艺之花——回忆昆明《文聚》杂志[J]. 新文学史料,1986(3).

父亲一直给他编的刊物写稿，直至林元逝世。"①在《昆明日记》中，1942年11月27日，冯至写道，"晚林元来交稿费千元。"这个数额说明了冯至对林元负责组稿的各类刊物是持积极写作态度的。

1942年2月，《文聚》出版创刊号，1946年，出版最后一期。《文聚》是以"昆明西南联大文聚社"的名义出版的。创刊号于1942年2月16日问世。初为半月刊，24开本；后改为月刊，16开本；最后又改为不定期丛刊，32开本。……到1945年，林元和马尔俄创办四开报纸《独立周报》时，《文聚》便成为该报的副刊名称，并沿用原来《文聚》刊头两字的字体。"②后来，"文聚社转为出版《文聚丛刊》，32开本，毛边土纸。'丛刊'的版本、封面设计和纸质都与《文聚》杂志不同。第一本名曰《子午桥》，署名'李广田等著'，书名之上标有'文聚第一卷第四期'字样。第二本名曰《一棵老树》，署名'冯至等著'，书名之上标有'文聚第一卷第五六期合刊'字样，署名之下的封面底端分两行标示'文聚社出版''1943'。"③作为西南联大面向全国发行的唯一一份文学期刊和一份大型文学刊物，从现有史料来看，《文聚》可以列为抗日战争时期出版时间相对较长的文学刊

---

① 冯姚平. 父亲冯至在西南联大 [N]. 中华读书报，2007.11.30.
② 陈伯良. 穆旦传 [M]. 北京：世界知识出版社，2006：74.
③ 李光荣. 大型文学刊物《文聚》形式考述 [J]. 山东师范大学学报（人文社科版），2014（6）.

物之一。

林元在回忆中说，"《文聚》创刊，我们就宣称是一个'纯文学'的刊物，意思是说不是政治性的。之所以这么说，是由于当时革命正处在低潮，白色恐怖还隐藏在社会的阴暗角落，联大的三青团分子正在趾高气扬；还有一个原因，是当时的有些文学作品艺术性不强，特别有些诗歌，就只有'冲呀''杀呀'的口号，这在抗战初期，是起过动员民众的历史作用的，到了抗战中后期，光是口号就不行了。我们认为应有艺术性较强的文学，再说人们的精神生活也需要艺术滋养，于是，《文聚》便比较注意艺术性。由于作者队伍中大多数人都生活在民主堡垒里，而联大校外的作者，又大多数是进步或革命的作家，就当然离不开政治，于是政治性与艺术性的统一，则是我们追求的目标。"[1]

从1942年创刊到1946年的4年中，"在《文聚》发表文章的西南联大老师有：朱自清、冯至、沈从文、李广田、卞之琳、……孙毓棠、杨周翰等。其中写稿最多的是冯至，其次是沈从文。"[2]从1941年到1946年是冯至创作的高峰期。1941年1月，冯至从昆明郊区住处进城上课的途中，"望着几架银灰色的飞机在蓝得像结晶体一般的天空里飞翔，想到古人的鹏鸟梦"，触动诗觉，在这一年内写下了27首变体十四行诗，集结成了著名的《十四行集》。1942年8月，桂

---

[1] 林元. 碎布集[M]. 北京：文化艺术出版社，1991.
[2] 陈伯良. 穆旦传[M]. 北京：世界知识出版社，2006：76.

林明日出版社出版了冯至的《十四行集》；1943年5月，《明日文艺》在桂林创刊，发表了冯至的《伍子胥·一》，9月，冯至的《山水》由重庆国民图书出版社出版，11月，《明日文艺》第二期出版发行冯至的《伍子胥·二》。在这之前，1942年6月10日出版的《文聚》发表了冯至的《十四行六首》；1943年12月8日出版的《文聚》发表了冯至的《译里尔克诗十二首》；1945年1月1日复刊的《文聚》第二卷第二期发表了冯至的《译尼采诗七首》；作为一个作家，冯至在抗战时期为我们展现了他自己的形象。1945年6月出版的《文聚》第二卷第三期发表了冯至的小说《爱与死》。

鲁迅是推崇随笔的，他曾经说，"杂文中之一体的随笔，因为有人说它近于英国的 Essay，有些人也就顿首再拜，不敢轻薄。"① 看似写法自由的随笔是有其自律性的，这种自律性是以书写者本人为核心建立起来的，当书写者的笔法一旦成熟，那么，在他的随笔之中，往往会站起一个具有理想人格的人。冯至在抗战时期的随笔和诗歌，因其对人的生存的深切关注，使得我们能够在其思想中找到鲁迅的"立人"思想以及严厉的现实的人道主义思想的影子和痕迹。

---

① 鲁迅. 鲁迅全集第六卷[M]. 北京：人民文学出版社，1981：291.

《山水》收录作品一览表

序号	作品	原载期刊
1	C君的来访	原载 1930 年 7 月 28 日《骆驼草》周刊，第 12 期
2	蒙古的歌	原载 1930 年 6 月 1 日《骆驼草》周刊，第 6 期
3	赤塔以西——一段通信	原载 1930 年 11 月 20 日《华北日报·副刊》
4	塞纳河畔的无名少女	原载 1932 年 10 月 15 日《沉钟》半月刊，第 13 期
5	两句诗	1935 年写于海岱山，后收入《山水》
6	怀爱西卡卜	1937 年写于吴淞，原载《西风》杂志
7	罗逝诺的乡村	1937 年写于吴淞，原载《西风》杂志
8	在赣江上	1939 年 9 月写于昆明，原载昆明《今日评论》
9	一棵老树	1941 年写于昆明，原载昆明《文聚》杂志
10	一个消逝了的山村	1942 年写于昆明，原载 1943 年昆明《文聚》第 1 卷，第 4 期
11	人的高歌	1942 年写于昆明，原载 1943 年 5 月《明日文艺》，第 1 期
12	山村的墓碣	1943 年 9 月 3 日写于昆明，后收入《山水》
13	动物园	1944 年写于昆明，原载 1944 年 6 月 4 日《生活导报》，后收入《山水》
14	忆平乐	1944 年写于昆明，后收入《山水》

《山水》1943 年 9 月由重庆国民出版社出版，收自 1930 年至 1944 年写的散文十篇；1947 年由上海文化生活出版社再版（收入巴金主编《文学丛刊》第 9 集），增加《山村墓碣》《动物园》《忆平乐》三篇及后记。

第八章　从昆明到北平（1946—1949）：思想决断

1945年8月14日，日本天皇颁布了停战诏书，中华民族经历了14年苦难之后，获得了胜利。晏阳初曾这样说，"中国人获得了前几个世纪所没有的百倍信心"，满怀希望地"处在'民族复兴'的前夜"[1]。全国人民都在翘首以盼，希望多灾多难的中国从此振作起来。

随着国内政局进一步恶化，国人对国民党的失望之情愈益强烈。与冯至同为北大教授的著名历史学家杨人楩发表文章说，"到了今日，政治上的贪污，已属司空见惯，贪污之声，我们已听得太熟了，熟到感觉麻木，麻木到忽略其为一切无办法之源。"[2]蒋介石集团无视人们和平民主、团结建国的要求，血腥镇压人民的反内战、争民主运动，先后制造了昆明"一二·一血案"，以及昆明"李公朴、闻一多血案"

---

[1] 晏阳初. 晏阳初全集[M]. 天津：天津教育出版社，2013：607-608.

[2] 杨人楩. 国民党往何处去[J]. 观察，1947（2）：6。

等罪恶累累事件。这些事件使原本洋溢着浓郁的书卷气和学问气的冯至已经无法生活在淡泊功利、随缘任运的圣贤世界，他不再寻求山水对他心灵的安顿，面对残酷的政治环境，其内敛的书斋性格自觉发生变化。1948年，冯至在《北大》半月刊第4期发表《从前和现在》。冯至对战争开始反思，"这次战争使我们经验到许多想象不到的事物，尤其在中国，往日许多被蒙盖着的丑恶，以及被隐埋着的美善，如今都自然而然赤裸裸地显在人们的面前，好像在示意于人：新的时代里不容人有一些伪装，早晚都会露出来本来面目。"① 走在时代前列的冯至用文字祭出出征誓言："现代社会的腐朽促使我们很自然共同走上了追求真、追求信仰的正路。"② 1948年8月20日冯至在《中建杂志》发表《忆朱自清先生》，他写道，"他的文字与行动无时不在支持新文艺以及新中国向着光明方面的发展。……他一步步地转变，所以步步都脚踏实地；他认为应该怎样，便怎样。我们应该怎样呢？每个心地清明的中国人都会知道得清楚。"③

---

① 冯至. 冯至全集第二卷[M]. 石家庄：河北教育出版社. 1999：130.
② 同上，第131页.
③ 同上，第135页.

第一节　走在时代前列的冯至

朱光潜先生认为，和京派其他文艺界旧知识分子比较起来，冯至是具有"左"派色彩的作家，他曾经说，"京派在'新月'时期最盛，自从诗人徐志摩死于飞机失事之后，就日渐衰落。胡适和杨振声等人想使京派再振作一下，就组织一个八人编委会，筹办一种《文学杂志》。编委会之中有杨振声、沈从文、周作人、俞平伯、朱自清、林徽因等人和我。他们看到我初出茅庐，不大为人所注目或容易成为靶子，就推我当主编。由胡适和王云五接治，把新诞生的《文学杂志》交商务印书馆出版。在第一期我写了一篇发刊词，大意说在诞生中的中国新文化要走的路宜于广阔些，丰富多彩些，不宜过早地窄狭化到只准走一条路。这是我的文艺独立自由的老调。《文学杂志》尽管是京派刊物，发表的稿件并不限于京派，有不同程度'左'派色彩的作家们如朱自清、闻一多、冯至、李广田、何其芳、卞之琳等人，也经常出现在《文学杂志》上。"[①]1987年，邹士方、王德胜二人合著过一本《朱光潜宗白华论》，书的"附录"里有一篇《冯至谈朱光潜》，其中有这样一段话：

"冯先生说，朱先生不大谈论别人，也很少讲他自己。解放前他的思想比较右倾，那时我对他有些意见，谈话时对

---

① 朱光潜. 朱光潜全集第一卷[M]. 合肥：安徽教育出版社，1996：5-6.

他有所暗示。但我认为我们彼此的意思不能相强,这并不影响我们的交往。一个人的思想和行动是受世界观支配的,但这是一个复杂的问题。有的人思想虽然右,但在做学问和道德修养方面只要态度是严肃认真的,就有可取之处。解放后朱先生通过不断的学习,努力改造,进步很大,给旧知识分子、也给年轻人做出了好的榜样。"这段话说明朱光潜与冯至间的彼此评价都是真实的。

1991年1月24日,冯至的《答〈现代诗报〉编辑部问》发表在《现代诗报》,提及写作经历中最令人难以忘怀的岁月和创作最旺盛时期。冯至回答:"本世纪的20年代和40年代初期,这也是我创作最旺的时期。"[1]我觉得,之所以这两个时间段的创作各呈千秋,一方面是由于东西方文化的影响,更主要的是冯至对时代不懈地探索和超越。融入时代前列的冯至,追溯其家国情怀或者"左"派色彩的形成,最早可以从鲁迅对他的激励开始。1925年秋,沉钟社成立,杨晦、陈翔鹤、陈炜谟、冯至是主要成员。《沉钟》之名,来自德国作家霍普特曼的名剧《沉钟》,鲁迅在《中国新文学大系》小说集的序中曾誉之为"中国的最坚韧,最诚实,挣扎得最久的团体"。冯至还专门写过《鲁迅与沉钟社》一文回忆这段史实。鲁迅鼓励过冯至等人,也对他们提出过批评,他说,"你们为什么总是搞翻译,写诗?为什么不发表议论。

---

[1] 冯至. 冯至全集第五卷[M]. 石家庄:河北教育出版社,1999:262.

对有些问题不说话。为什么不参加实际斗争。"[1]我国现代著名翻译家李霁野（1904—1997）是鲁迅的学生，他在《忆在北京时的鲁迅先生》中说到鲁迅提及冯至等沉钟社作家，"他都常提到，很喜欢他们对文学的切实认真的抬头。不过他也觉得他们被悒郁沉闷的气氛所笼罩"[2]。

鲁迅对冯至等沉钟社作家的要求，是一种方向和目标，冯至也一直在探寻。当歌德的《浮士德》以一种自强不息的精神吸引他时，冯至的人生格局开始发生转变。对于作为德国精神象征的歌德的吸收，可以将冯至和同时代的梁宗岱进行比较，从而让我们清晰地了解冯至和同时代的人不同的诠释方式。而且，对歌德的不同择取倾向也使得冯至和梁宗岱等人在以后的文学发展乃至人生发展上中走向了不同路径。

梁宗岱和冯至在接受歌德的同时根据各自现实需要，取其精华弃其糟粕，化经典为现代诗学服务。1932年11月，在德国海德堡大学的冯至在写给朋友杨晦的信件中说："我数月以来，专心Goethe。我读他的书，仿佛坐在黑暗里望光明一般。他老年的诗是那样地深沉，充满了智慧。"[3]这是现存史料中，冯至第一次提及歌德，而这段时期正是其内心彷徨之际。可以说，歌德的诗歌开始影响了青年冯至对人生

---

[1] 冯姚平. 给我狭窄的心，一个大的宇宙：冯至画传[M]. 南昌：百花洲文艺出版社，2015：17.

[2] 同上.

[3] 冯至. 冯至全集第十二卷[M]. 石家庄：河北教育出版社. 1999：137.

的思考。1939年，当时在昆明西南联合大学任教的冯至住在昆明东北郊杨家山的一座茅屋里，他深爱的袖珍本《歌德谈话录》和《歌德书信日记选》，一直从上海带到昆明。此时的冯至在思想上已步入成熟，在颠沛流离的逃亡生活中，面对家仇国恨，他选择的是在古今中外诗人和作家的著作里寻求精神上的支持和鼓励，而歌德式的博大胸怀刚好契合他当时的思想境地。按照严宝瑜先生的观点，"冯至对歌德的研究的观点和方法是有个变化发展过程的。解放以前他是用歌德的世界观和人生观来看待歌德这个人和他的创作的；解放后他自觉地采用马克思主义的立场观点来研究歌德。"[①] 冯至早期对歌德其人其作，是采取歌德观察问题的方法来进行的。冯至从自己的观察点出发，把歌德研究的范围不断扩大，增进了我国学术界对歌德教育思想、文艺思想和人生观的全面而深层的认识。梁宗岱对歌德的诠释是从比较文学的视野出发的，这种平行比较研究在于寻找中国文学与西方文学的分歧与契合点，梵乐希（瓦雷里）和李白成了梁宗岱对歌德进行诠释的比较物和参照系。这种眼光直接丰富了其诗论，比如，梁宗岱认为"歌德探讨底对象是外在世界，是世界底形相；……梵乐希底诗却是透过这形相世界的心灵活动底最深微的颤动底结晶，藉了这世界底形相来反映或凝定心灵活

---

① 严宝瑜. 冯至的歌德研究 [J]. 北京大学学报（哲学社会科学版），2003：67.

动或思想本体底影像。"① 梁宗岱在李白和歌德的比较研究中，很明确地指出他们的相通点是艺术手腕和宇宙意识。梁宗岱的开放视野，引导出了在他那个时代很难超越的结论："歌德和梵乐希，由两条不同的路径，同样地引我们超过那片面的狭隘的唯心论和唯物论底前头。"② 梁宗岱对歌德推崇有加，他认为歌德抒情诗中，由深沉思想或强烈情感绽放出来的生命之花在欧洲近代诗坛有独一无二的位置。歌德的艺术手腕和宇宙意识深深打动梁宗岱，歌德的影响，使得梁宗岱对诗歌约束，对诗的工具锻造方面，有着自己的认识，构建出了新式现代化进程中的新形式。

冯至深读《浮士德》的时候，正是作为知识分子的他苦寻精神家园，寻找精神上突围之时。通过反复诵读浮士德的独白和浮士德与魔鬼的对话，他在这样一步一步肯定精神与否定精神斗争的历史中坚守"君子"这条底线，激励内心的"善"。冯至把歌德作为了自己精神上的一个寄托、一种向往，对歌德的这种诠释蕴涵着一种沉潜之后的精神崛起。他说："变乱与病终于会过去，人们一旦从长年的忧患中醒来，还要设法恢复元气，向往辽远的光明，到那时，恐怕歌德对于全人类（不只是对于他自己的民族）还不失为是最好的人的榜样里的一个。"③ 冯至说："在变化多端的战争年代，

---

① 梁宗岱. 梁宗岱文集第Ⅱ卷 [M]. 北京：中央编译出版社，2003：150-151.

② 同上，第154页.

③ 冯至. 冯至全集第八卷 [M]. 石家庄：河北教育出版社. 1999：82.

我经常感到有抛弃旧我迎来新吾的迫切需求,所以我每逢读到歌德反映蜕变论思想的作品,无论是名篇巨著或是短小的诗句,都颇有同感。"[1]

今天,我们来看待冯至那一代人在20世纪40年代所创作的现代主义新诗。用历史的眼光来看待这些诗歌,我们会发现,"40年代的现代主义新诗与当时抗战的现实主义新诗形成中国新诗史上的两大流派,在风格上很不相同,但从内容上讲却都是战争岁月中国人民的现实生活的真实记载。"[2]

无论是在西南联大时期,还是北归回到北大,冯至都是走在时代前列的。歌德"抛弃旧我迎来新吾的迫切需求"的思想一直扎根在冯至心中。根据姚可崑的回忆,冯至之所以在1939年从同济大学转入西南联大从教,就是为了拒绝推荐他进入同济大学的朱家骅"强令诗人作党人",劝他加入国民党的邀请[3]。1944年5月4日,是"五四运动"爆发25周年,当天,西南联大进步师生所举行的"五四运动与新文艺运动"晚会使整个校园呈现出很热烈的节日气氛。"因三青团特务分子采用剪断电路熄灭灯光,扔石子砖块破坏会场,晚会延期到八日在图书馆前草坪举行。讲演题目由原来七个增加到十个。"参与演讲的进步教师有李广田、罗常培、冯至、朱

---

[1] 冯至. 冯至学术论著自选集[M]. 北京:北京师范学院出版社,1992:376-380.

[2] 郑敏. 诗歌与哲学是近邻:结构—解构诗论[M]. 北京:北京大学出版社,1998:236.

[3] 姚可崑. 我与冯至[M]. 南宁:广西教育出版社,1994:79.

自清、闻一多。朱自清演讲的题目是的《新文艺中散文的收获》,冯至演讲的题目是《新文艺中诗歌的收获》,闻一多演讲的题目是《新文艺与文学遗产》。云南大学的学生也慕名来校参加活动,在图书馆前草坪的人数达到三千多人,"闻一多在集会的最后发言中说道:'我们的会开得很成功,朋友们,你们看,月亮升起来了,黑暗过去了,光明在望了。'"表示要勇敢地迎接黑暗势力的再次挑战。连续几天的纪念活动,极大地鼓舞和教育了广大青年同学。"按照现有的史料记载,冯至参加了多次进步学生社团组织的活动,比如1944年中秋节,西南联大新诗社在英国花园举行赏月诗歌朗诵会,闻一多和冯至又去参加。1945年4月6日,西南联大中国文学系和外国语文学系联合举办诗歌晚会,请冯至、卞之琳等人分别主讲。同年5月5日,昆明文协、联大文学会、外国语文学会、文艺社、冬青社、云大文史学会、中法大学文史学会联合主办文艺晚会,冯至、卞之琳等人作了专题演讲。频繁的朗诵、演讲使得冯至的精神世界发生了极大变化,这种变化也体现在诗歌创作中。

1945年12月,冯至作为联大教师受到"一二·一"事件的震动,写下了《招魂》。

"死者,你们什么时候回来?"
我们从来没有离开这里。
"死者,我们怎么走不出来?"

我们在这里,你们不要悲哀,
我们在这里,你们抬起头来——

哪一个爱正义者的心上没有我们?
哪一个爱自由者的脑里忘却我们?
哪一个爱光明者的眼前看不见我们?

你们不要呼唤我们回来,
我们从来没有离开你们,
咱们合在一起呼唤吧——
"正义,快快地到来!
自由,快快地到来!
光明,快快地到来!"

《招魂》一诗今天仍刻在云南师大校园内的"四烈士"纪念碑上。70多年过去了,我们从字里行间,从对正义和自由的呼唤,依然能够感触到那种磅礴的激情。

1946年7月,冯至和他的学生及家人离开昆明,回到北平。1947年7月是闻一多逝世一周年,在开会时,冯至写了一首诗,诗歌没有发表,手稿收录进了《冯至全集》。诗歌悲壮而又铿锵,催人奋进。

你知道吗

中国的人民是怎样

度过了你死后的一年？

你沉着的声音在说：

我知道，我都知道。

你热望的

变得更为遥远，

你憎恨的却在到处蔓延。

你沉着的声音在说：

我知道，我都知道。

人人明白

什么是真实，什么是欺骗，

却又甘心生活在欺骗里边。

你沉着的声音在说：

我知道，我都知道。

只有青年

勇敢地在和罪恶战斗，

勇敢地忍受着罪恶的摧残。

你沉着的声音在说：

我知道，我都知道。

从你死后
你并没有闭上你的巨眼,
一分一秒也不曾睡眠。
你沉着的声音答道:
我分担,我都分担。

20世纪20年代中期到30年代,军阀割据的社会现实使得闻一多这代人更看重杜甫忧国忧民的精神。抗日战争开始后,杜甫的爱国主义精神得到重视,流离失所的诗人们在杜甫中年和晚年所创作的诗歌中寻找到了广阔的世界,寻找到了强烈共鸣。这种共鸣中无法言喻的东西,就是存在于人内心深处的生命意识,只不过,同样悲悯的近似心境赋予了不同的意象。这一时间段最得杜甫精髓的诗人就是冯至。闻一多著有《少陵先生年谱会笺》等,面对满目疮痍,闻一多写过《静夜》《荒村》等表现人民悲惨境遇的佳作,无论其写作手法和内容都有杜甫很深的痕迹,古今相通的悲天悯人的情怀穿越时空,将杜甫和闻一多紧密相联。写过"早年感慨恕中晚,壮年流离爱少陵"(见《杂诗九首》之《自遣》)的冯至在流离转徙中用近十年时光完成了中国第一部杜甫传记《杜甫传》。早在1924年3月,他就说:"我或者不是从先的''那样"了:素日不甚注意的《杜诗》同《史记》,

近日同它们发生了绝大的爱情。"[①] 在烽火连天的岁月，跟随同济大学师生经过江西时，"携妻抱女流离日，始信少陵字字真"的强烈体验，让冯至深刻领悟到杜甫式的人生哲理和生命意义。贫穷成就了杜甫伟大的人格力量，其人格也深深影响了冯至。冯至写过《原野的哭声》等表现人民苦难生活的佳作，即使在《十四行集》中，我们也可以看到他追求的正是杜甫式的广袤艺术世界。闻一多和冯至既是大学同行，私交甚笃，更有相似的人生志趣和博大追求，两人对杜甫的学习借鉴都经历过由浅到深、由表及里的过程。在这种背景下，我们再来看冯至缅怀闻一多的这首诗歌，就会有别样的感触。这是对闻一多的怀念，写得那样深沉，写得那样动情："你沉着的声音在说：我知道，我都知道。"在诗歌中反复循环，将作者的悲愤不断升华。与其说这是一首诗歌，不如说，这是冯至作为一名时代同行者向闻一多发出的誓言。冯至在诗歌中是这么吟唱的，在现实生活中，他也是这么做的。

"在战后的北大，有两个政治态度迥然不同的教授群体，一个是以胡适为首的'独立时论'群体，一个是以许德珩为代表的民主教授群，政治态度不鲜明的教授们，则徘徊在两个群体之间。"[②] 许德珩早年参加过同盟会，也参加过辛亥

[①] 冯至. 冯至全集第十二卷[M]. 石家庄：河北教育出版社. 1999：19.

[②] 郑志峰，冶芸. 北大民主教授群研究（1945—1949）[J]. 社会科学家，2013（1）：143.

革命以及讨袁革命，是"五四"时期的闯将，是一名坚定的民族主义者，与李大钊等人一起成立马克思学说研究会。许德珩等人对冯至的影响不得而知，但有一件事情是值得人寻味的。贺麟是冯至的好友（1930年，贺麟在德国柏林大学专攻德国古典哲学。1936年，任北京大学教授），北平解放前夕，国民政府派专机"抢救"北大学人，贺麟位列名单。冯至受地下党委托，亲自到贺麟家里，用德语语气极重地说："现在是一个最后决定的关头，亲人的决定不同也要闹翻。"[1] 最终，贺麟留在了大陆。这件事情表明，冯至在大时代变革中的洪流中，随着社会时局的变化在不断调适着自己的思想和政治判断，他的政治立场，完全是与以胡适为首的"独立时论"群体相对立的。

1948年4月6日以后，北京大学等高校成为"罢教、罢职、罢工、罢研、罢诊、罢课"中的主要力量。"这个力量在往后的斗争中充分地显示出来了。四月七日晚，某警察分局来电话邀北大秘书长郑天挺去谈话。当场，反动当局出示柯在铄等十二个同学的黑名单（他们大多是学生会理事和社团负责人），说他们'鼓动罢课'，限学校当局在八日中午十二时以前将他们交出……在这紧急的时刻，红楼响起了急促的钟声，广大同学来到民主广场，围成许多圈，把十二人围护起来，准备以血肉之躯筑成堡垒来保卫他们。不少教师

---

[1] 张祥龙. 贺麟传略[M]. 太原：山西人民出版社，1982：271.

也坐到了这个保卫圈里。教授们阅讯后即自动召开教授联谊会，派冯至为代表向学生致词，表示'我们全体教授愿意誓死支持你们的要求！'并转达西语系美籍教授傅汉斯的话：'这样的事，我以一个外国人身份是看不惯的，假如你们政府真要这样无理逮捕学生，我愿意同他们十二人一起进监狱。'"[1]

1949年1月31日，北平和平解放。钱俊瑞、张宗麟作为中国共产党代表来到了北大。"二月一日上午，北平各大专院校师生齐集于北大民主广场。清晨五点，天还不大亮，到会群众已达万人以上。这一次集会，不再是为了对反动派提出抗议，而是为了庆祝人民自己的解放。人们欢呼、雀跃，许多人流下了激动的眼泪。"[2] "1949年2月3日，人民解放军举行入城式，冯至和姚可崑都热情地参加了欢迎的队伍。"[3] 1949年5月，冯至创作了新中国成立后自己的第一首诗歌，载于1949年5月3日《北京大学五四纪念特刊》，诗歌收录在《冯至全集》中，原题为"为北平解放后的第一个'五四'作"。他用欣喜的心态，用历史深邃的眼光写下了这些诗行：

---

[1] 萧超然等. 北京大学校史（1919—1949）[M]. 上海：上海教育出版社，1981：292-293.
[2] 同上，第302页.
[3] 冯姚平. 给我狭窄的心，一个大的宇宙：冯至画传[M]. 南昌：百花洲文艺出版社，2015：91.

三千年的老岁月
退给了年青的今天；
三十年的青年的血
换来了灿烂的今天。

在这三十年的过程
有离叛，有坚持——
离叛的是自然淘汰，
坚持的给我们证实；

腐朽的都成为阴影
沦入无底的深渊；
三十年前的一粒光
如今照遍了山川。

我们起始歌唱。
我们的第一首歌，
像人类从木石里
第一回钻出来火。

我们起始歌唱。
我们的第一首歌，
像人类才有了锄头

第一回到田里耕作。

我们起始歌唱。
我们的第一首歌,
隔离久了的心
如今又融成一个。

脖子上没有了锁链,
脸面上恢复了红颜:
三十年前的一粒光
如今照遍了山川。

第二节　作为优秀学者的冯至

　　朱自清在《中国新文学大系·〈诗集〉导言》中称赞冯至诗歌为"堪称独步",后来在《新诗杂话》(上海作家书屋,1947)中称赞冯至诗歌为新诗的"中年";冯至的散文《仲尼之将丧》《蝉与晚祷》在《中国新文学大系·〈小说二集〉导言》中被鲁迅列为"幽婉的名篇"。20世纪40年代,是冯至创作的成熟期和高峰期,李广田称其力作《十四行集》为"沉思的诗";当代学人钱理群在《对话与漫游——四十年代小说研读》(上海文艺出版社,1999)中称赞《伍子胥》为"不可重复的绝唱"的历史小说。当我们看到诸如此类的溢美之词时，却常常狭隘把冯至定义为一个伟大的诗人或者小说作家，而忽略了他作为一名优秀学者的全部。

2015年9月12日，《文汇报》发表了著名学者，法语翻译家，荣获过中国翻译界最高奖——翻译文化终身成就奖的柳鸣九先生的《一位圣徒式的人物——写于恩师冯至先生诞辰110周年》一文。柳鸣九深情回忆了恩师冯至，他说："冯至先生是一位端坐在社会主义学术殿堂之上令人由衷尊敬的庙堂人物，庙堂人物不一定个个都令人衷心敬仰，但冯至先生是令人心悦诚服的一位。他是作为已有高度成就的学者被请入学术厅堂的，他早就是中国最杰出的抒情诗人，他早就是中国的德国文学翻译、德国文学史研究的开拓者、里程碑式的人物，他还是著名的杜甫研究家，而且他作为北大教授，早已桃李满天下。他已经站在人文学科的高峰，殿堂地位对他来说是可有可无的事。他之于中国社会主义的学术庙堂，与其说是他需要这个庙堂地位（具体来说，就是享有相当于院士的"学部委员"的这一称号与研究所所长的尊荣），还不如说这个庙堂需要他这样一个学贯中西、卓有成就的成员。"

德语界老前辈严宝瑜教授把"歌德在中国的传播分成三个阶段，第一为郭沫若阶段；第二为冯至阶段；第三为杨武能阶段"[1]。这是对冯至作为优秀学人的高度肯定。众所周

---

[1] 蒋蓝. 杨武能：文学翻译不是"唯美"[J]. 文学报，2013.7.4.

知，在20世纪20年代和30年代期间，对于德国文学作品的翻译曾经辉煌一时。"郭沫若、季羡林和梁宗岱等翻译家都创造了辉煌的译绩，做出了应有的贡献。冯至和郁达夫等人在这方面表现更为出色。"[1]我们说冯至是一位优秀的学者，是有多方面原因的，比如他曾主编过《德国文学简史》。"他与陈祚敏等合写的《五四时期俄罗斯文学和其他欧洲国家文学的翻译和介绍》是一篇洋洋大观的论文，或者说是一部五四时期文学翻译的简史，肯定了鲁迅等许多翻译家所做的贡献，并论证了翻译的重要性。"[2]

冯至不仅是翻译家、诗人，更是优秀的学者。1938年，西南联大常委会第91次会议议决，公布了外国语文系教授，"其中四人为德语教授，即陈铨、杨业治、冯承植（冯至）、洪谦，副教授为田德望"[3]。

西南联大德文教授讲授及选修课程[4]

课程名称	学分	时间	授课者
德国文学史	4	1940—1941学年	冯至

---

[1] 方华文. 20世纪中国翻译史[M]. 西安：西北大学出版社，2005：377.

[2] 同上，第379页.

[3] 齐家莹. 清华人文学科年谱[M]. 北京：清华大学出版社，1999：216.

[4] 西南联合大学北京校友会. 国立西南联合大学校史——一九三七至一九四六年的北大、清华、南开[M]. 北京：北京大学出版社，1996：134-137.

续表

课程名称	学分	时间	授课者
德国抒情诗	4	1939—1940 学年	冯至
歌德	4	1942—1943 学年	冯至
浮士德研究	4	1945—1946 学年	冯至
浮士德与苏黎支	4	1941—1942 学年	冯至
尼采/尼采选读	4	1941—1942 学年	洪谦/冯至
尼采/尼采选读	4	1944—1945 学年	洪谦
Wittengenstein 的语言批评	4	1942—1943 学年	洪谦
语言的逻辑研究	4	1944—1945 学年	洪谦
语言与哲学	4	1943—1944 学年	杨业治
欧洲中古文学史	4	1938—1939 学年	杨业治
拉丁文	4	1942—1944 学年	杨业治
希腊文	4	1944—1945 学年	杨业治
现代戏剧	4	1938—1939 学年下学期	陈铨

从上表可以看出，学贯中西的冯至侧重于讲授文学、诗歌、戏剧与哲学，跨度之大，实属罕见。1937 年 7 月至 1945 年 8 月，西南联大在全校各系开设德文公共课。云南教育出版社在 1998 年出版了《国立西南联合大学史料》，第 3 册《教学、科研卷》第 118—119，140，152，177—178 页分别记载了当时德文相关课程的开设情况：

"3，4 年级德文，8-6 学分，必修或选修。外国语文学系：2 年级：莫里哀、歌德，6 学分；3，4 年级：歌德、浮士德研究、德国抒情诗选、德国文学史等，4学分。一些系开设3，4年级专业德文：德国哲学名著选读、化学德文等，2-4学分，必修或选修。"

各年度课程名称或略有变化，但基本课程差不多，而且各课程之间相互关联又是比较清楚的，比如在冯至开设的"德国抒情诗"选修课上，就注明"修满二年德文者可选修"。当年的学生闻山（沈季平，由清华大学毕业，既是著名作家、文艺评论家、也是书法家和诗人）记录下他第一次听冯至的选修课《歌德》的现实场景。其中记载了哲学家听文学家课程的趣事：

1943年冬天，云贵高原一个天高云淡的日子。

昆明国立西南联合大学校舍的土围墙里，一条黄泥小路，穿过几栋土墙洋铁皮屋顶的课室。路旁一丛丛白色淡红色的波斯菊，比人肩膀高，她们朴素、宁静，没有诱惑人的鲜艳，寂寞地陪着这些简陋的房子。但在贫穷的联大校舍里，她们就是很漂亮的装饰了。

在一个课室里，冯至教授正在讲《歌德》。他穿着蓝布大褂，戴着近视眼镜，脸方正，身子也宽大，声音沉稳、安详。他引导着听讲的人们进入一个遥远的诗的世界。

课室里坐着的有选修《歌德》的联大外文系同学，也有不少人是慕名来旁听的。坐在冯先生对面的是一位奇特人物。他个子瘦小，看样子四十岁上下，也穿着蓝布大褂，但是打了补打。进课室后，拿下头上破了边的大草帽，顺手放在墙角，坐下来就专心听讲，一动不动，更不看旁人一眼。我也是旁听的，第一次来，只能说是来领略一点诗意。下课后，我看着那顶破草帽在前面走，听到旁边人说，他就是沈有鼎。大名鼎鼎的哲学教授，中国形而上学研究专家。

这是我第一次见到冯至先生。也是第一次见到这位哲学家。哲学家那么认真地来听文学家的课，恐怕是西南联大浓厚的学术研究风气独有的风景。这也说明冯至教授这门课的吸引力。

这里提到的沈有鼎（1908—1989），是我国现当代著名的逻辑学家、哲学家、教育家，也是中国逻辑学界的开拓者、先行者与天才人物。前文也提及过他，1931年至1934年，他曾留学德国，和冯至留下不解之缘。

北大在办学中不拘一格，从同济中学聘请冯至。这种办学思路，延续了蔡元培的办学传统。如果没有当时对冯至的延聘，就很难想象若干年后，冯至会继续留在北大，"成为名副其实的中国德语文学学科重要奠基者，完成北大与社科院两处核心机构的德文学科的奠基工作，并进一步开创北大西语系、社科院外文所在中国外国文学领域的重要局面"[1]。

通过梁宗岱和冯至彼此的回忆文章，我们不仅能感受到

---

[1] 叶隽. 西南联大时代的德语教育与德文教授[J]. 教育学报，2009（8）：102.

优秀学者的风范，还能感受到他们在治学上所体现出来的人格魅力。梁宗岱是诗人、翻译家和文艺理论家，其诗论结集《诗与真》《诗与真二集》，作为五四以来最重要的论诗著作之一，其重要性在于对诗歌创作实践所具有的指导意义。冯至在1987年写过一篇《海德贝格记事》，阐述了与梁宗岱的交往。梁宗岱在1931年3月21日给徐志摩的信中也提到冯至，说冯至是"极诚恳极真挚的忠于艺术的同志"。梁宗岱于1931年在海德贝格度过了这里最美好的季节，他在这里写完了给徐志摩的一封长信《论诗》。冯至对梁宗岱的写作是赞誉有加的，冯至这样回忆："他在写作过程中，遇到某些问题曾和我商讨，……我很惭愧，我对于诗不像他那样考虑得深远。"[①] 冯至回国后，作为不善交际的人，却与梁宗岱却保持着联系。姚可崑回忆："1935年，冯至回到北京。当时，《沉钟》已停刊，沉钟社的朋友星散各地，冯至和文艺界实际上失去了联系，自己也没有写作的愿望。偶尔与朱光潜，梁宗岱等人晤面。"[②] 抗战时期，即使梁宗岱在重庆，冯至仍与他有书信联系，冯至在《记梁宗岱》中说："1941年，我把我写的几首十四行诗寄给他。他回信仍然是那样坦率，……他论诗的文章写得很深刻，很认真，我从中得到不少的教益和启发。"

[①] 冯至. 冯至全集第四卷[M]. 石家庄：河北教育出版社，1999：408.

[②] 姚可崑. 我与冯至[M]. 南宁：广西教育出版社，1991：53.

20世纪40年代的冯至等人,通过翻译西方诗歌名家的作品促使我国当时的现代主义诗歌迅速发展。冯至在翻译的同时,开始将当时的现代意识与西方诗歌的格式有机结合,对诗歌进行现代化创新试验。虽然从20世纪40年代一系列优秀新诗创作中,我们能够明显地感受到这些诗歌作品与歌德等人在哲理和艺术情采上有着浓厚的血缘关系,但这些诗歌"在整个中国新诗史中占有高峰地位。它意味着中国新诗开始与世界诗潮汇合,为中国新诗走向世界做了准备。在40年代以前,中国新诗的主要方向是从语言和感情、意识上摆脱古典诗词的强大影响。反叛、创新、以古典语言和思想感情,走向现代化是五四文学运动后新文学的创新总倾向。到了40年代,新文学因为形势的发展获得突破,走向普遍的成熟。第二次世界大战迫使中国向世界开放,与世界文化的交流也达到高峰。40年代现代主义新诗正是中国现代主义诗人在这样一个历史时期的诗的丰收。它在继承五四文学运动传统的同时,对诗进行了意识上、形式上、语言上的创新和发展,使得中国新诗坛出现了新品种。"[1]作为优秀学者的冯至的《十四行集》,正是中国新诗走向世界的一个路标。

2015年9月19日,"纪念冯至先生诞辰110周年座谈会暨学术研讨会"在北京举行,与会学者深切缅怀了冯至为人为文的品德及其卓著贡献。座谈者认为,"其著作《杜甫

---

[1] 郑敏. 诗歌与哲学是近邻:结构—解构诗论[M]. 北京:北京大学出版社,1998:234.

传》、《论歌德》在中国的学术史上均具有开创意义。他培养了大批学有专攻的外国文学研究及翻译人才。他对中国外国文学学科的发展和整体规划做出了贡献。他翻译的歌德、席勒、海涅、里尔克等作家的作品深受读者欢迎。冯至在诗歌创作及德语文学研究、教学、翻译方面的成就赢得了国际性的肯定和赞誉，先后被聘为瑞典、德国、奥地利等国家科学院外籍院士，获得诸多奖项"。[1]在诸多评价冯至的话语中，笔者最喜欢季羡林先生的评价，他说，"我发现冯先生是一个非常可爱，非常可亲近的人。他淳朴，诚恳，不会说谎，不会虚伪，不会吹牛，不会拍马，待人以诚，同他相处，使人如沐春风中……冯至先生就是这样一个平凡而又奇特，这样一个貌似平凡实为不平凡的人。"[2]

---

[1] "纪念冯至先生诞辰110周年座谈会暨学术研讨会"在京举行[J]. 新文学史料，2015（4）：58.

[2] 季羡林. 季羡林作品：世态炎凉[M]. 北京：大众文艺出版社，2009.

结　语

　　以王国维为代表的近代知识分子在引进西方文学、美学、哲学思想的同时，还力求使中西思想融会贯通，从而不仅向人们介绍了西方新的思想，还更新了中国的传统观点。引进、融合、更新是以王国维为代表的近代知识分子所做的卓有成效的工作，这些早期的启蒙者，他们的影响一直都深深烙在冯至等新一代留洋的知识分子心中。当然，近代以来中西政治、经济、文化的碰撞与交流是一个长期的历史过程，至今仍在延续，中西文学思想的融合与更新更不是一个简单的命题。事实上，中国知识分子（比如冯至）在情感上更倾向于中国传统，而在理智上则吸收了西方的哲学和美学观念，这常常造成他们内心的矛盾和痛苦。

　　作为学贯中西的诗人、学者、翻译家，冯至深知，孤立地研究某国一两个作家，即使是最伟大的作家，也是难以达到高境界的，因此，他由博及深，在广博的基础上建构学术高塔。冯至翻译最多的是歌德、海涅、里尔克、席勒的诗文，研究对象重点是歌德、诺瓦利斯、里尔克、席勒、尼采等。

这些作家不仅仅影响了冯至文学创作风格，也在一定程度上影响了冯至的人格。冯至独特的个性、浓郁的艺术气质都留给后人无限关注与议论的空间，如同德国波恩大学汉学系主任顾彬（W. Kubin）教授在《大哲学家》中文版序中所说："谁要是重新发现雅斯贝尔斯的话，那他就会重新发现冯至，而重新发现冯至却意味着重新发现了一段德国人与中国人相遇的神秘故事。这一故事异常丰富多彩，并不仅仅局限于材料方面，更在于其内容。"[①]

本专著题为"1919—1949 冯至的人文世界"，旨在研究冯至的文学实践。冯至和京派代表人物形成了各自具有一定代表性的文学理念和创作风格，他们以一种内敛式的文学生存方式与现实相抗衡，并最终走向成熟。他们在价值取向、艺术宗旨和审美追求上表现出自我选择和群体心态的共性，同时，在个体生存维度方面展现出鲜明的个性化色彩。他们所倡导的多元化的文学价值观与个人本位主义表明了 20 世纪上半叶中国现代自由主义知识分子对个体选择和文化身份的自我认同。

冯至一度是京派的代表人物，是一些京派文人的良师益友。这一点，是具有一定文学史意义的。冯至以现代的眼光，对传统的再发现和对西方现代再消化的过程也是新诗中国化的再造过程。他找到了诗歌艺术中与西方现代诗歌艺术的相

---

① 〔德〕卡尔·雅斯贝尔斯. 大哲学家[M]. 北京：社会科学文献出版社，2005：2.

同之处。其丰富的诗学思想、独特的艺术见解和美学观念，使中国新诗大放光辉，流彩纷呈。对于冯至个人来说，本专著也是试图为他在中国现当代文学史上做一个全面、公允的历史定位。

冯至还应该拥有更为广阔的精神世界。在今天文学日益被边缘化并且诗歌被放逐的境遇下，冯至的写作，他当时的创作心境及创造的审美空间，或许会给我们这个浮躁的时代多点启示。

参考文献

一、期刊类

[1] 朱光潜. 从沈从文的人格看沈从文的文艺风格 [J]. 花城. 1980（5）.

[2] 陆耀东. 论冯至的诗 [J]. 中国现代文学丛刊, 1982（2）.

[3] 李广田. 沉思的诗——论冯至的《十四行集》[J]. 诗的艺术, 1942. 转引自《李广田文学评论选》, 云南人民出版社, 1983.

[4] 周棉. 论冯至的《十四行集》[J]. 河北师大学报, 1983（2）.

[5] 张宽. 试论冯至诗作的外来影响和民族传统 [J]. 文学评论, 1984（4）.

[6] 朱金顺. 冯至的《十四行集》[J]. 中国现代文学丛刊, 1985（2）.

[7] 方敬. 沉思的诗——论冯至的《十四行集》[J]. 抗日文艺研究, 1986（3）.

[8] 斯诺整理. 鲁迅同斯诺谈话整理稿 [J]. 新文学史料. 1987（3）.

[9] 解志熙. 生命的沉思与存在的决断——论冯至的创作与存在主义的关系 [J]. 文学评论, 1990（3-4）.

[10] 解志熙. 风中芦苇在思索——冯至三首十四行诗解读 [J]. 现代文学研究丛刊, 1992（3）.

[11] 蓝棣之. 论冯至诗的生命体验 [J]. 贵州社会科学, 1992（8）.

[12] 袁可嘉. 一部动人的四重奏——冯至诗风流变的轨迹 [J]. 文学评论, 1994（4）.

[13] 范劲. 冯至与里尔克 [J]. 外国文学评论. 2000（2）.

[14] 吴武洲. 北游：放逐者的诉求与追索——兼论冯至的转型倾向 [J]. 齐齐哈尔大学学报（哲学社会科学版），2001（11）.

[15] 吴武洲. 山水映照下的存在之思——论冯至散文集《山水》的哲学意蕴 [J]. 北京理工大学学报（社会科学版），2002 年（2）.

[16] 殷丽玉. 论冯至四十年代对歌德思想的接受与转变 [J]. 文学评论, 2002（4）

[17] 冯思纯. 回忆父亲废名先生 [J]. 湖北文史. 2003（2）.

[18] 陆耀东. 关于冯至研究的对话 [J]. 诗探索, 2003（3-4）.

[19] 胡辉杰. 论 20 世纪 50 年代中国现代主义诗人的身份焦虑——以卞之琳、冯至、穆旦为例 [J]. 社会科学家,

2004（3）.

[20] 叶隽. 冯至"学院写作"的核心内容及其德国思想背景 [J]. 中国比较文学，2004（4）（总第 57 期）.

[21] 杨志. 从德国浪漫派到存在主义——论冯至对德语文化的接受与消解 [J]. 中国现代文学研究丛刊，2007（5）.

[22] 吴剑. 论冯至《十四行集》对里尔克诗学的证悟与偏移 [J]. 湖北社会科学，2009（2）.

[23] 王攸欣. 潜隐与超越——冯至《十四行集》之传统根脉发微 [J]. 文学评论，2009（2）.

[24] 龚敏律. 中国现代京派文学研究六十年国际学术研讨会综述 [J]. 文学评论，2010（2）.

[25] 李怡. 意志化之路上的梁宗岱诗歌与诗论 [J]. 中国现代文学研究丛刊，2004（3）.

[26] 宋先红.《伍子胥》："奥德赛"式的现代精神历险 [J]. 淮北煤炭师范学院学报（哲学社会科学版），2007（5）.

[27] 钱理群，谢茂松. 冯至博士《伍子胥》新论 [J]. 徐州师范大学学报（哲学社会科学版），1998（3）.

[28] 林元. 一枝四十年代的文艺之花——回忆昆明《文聚》杂志 [J]. 新文学史料，1986（3）.

[29] 冯姚平. 父亲冯至在西南联大 [N]. 中华读书报，2007.11.30.

[30] 李光荣. 大型文学刊物《文聚》形式考述 [J]. 山东师范大学学报（人文社科版），2014（6）.

[31] 严宝瑜. 冯至的歌德研究 [J]. 北京大学学报（哲学社会科学版），2003：67.

[32] 闻山. 蓝天白云黄金树——忆冯至先生 [J]. 传记文学，2004（11）：68-69.

[33] 冯思纯. 回忆父亲废名先生 [J]. 湖北文史，2003（2）：176.

[34] 郑志峰，冶芸. 北大民主教授群研究（1945—1949）[J]. 社会科学家，2013（1）：143.

[35] 蒋蓝. 杨武能：文学翻译不是"唯美" [N]. 文学报，2013.7.4.

[36] 〔德〕顾彬. 路的哲学——论冯至的十四行诗 [J]. 中国现代文学研究丛刊，1993（2）：671.

二、文献图书类

[37] 废名. 谈新诗 [M]. 北京：人民文学出版社，1984.

[38] 废名. 冯文炳选集 [M]. 北京：人民文学出版社，1984.

[39] 沈从文. 沈从文文集 [M]. 广州：花城出版社，1984.

[40] 〔英〕鲍桑葵. 美学 [M]. 北京：商务印书馆，1985.

[41] 〔英〕戴维·洛奇. 二十世纪文学评论（上册）[M]. 上海：上海译文出版社，1987.

[42] 朱自清. 朱自清全集 [M]. 南京：江苏教育出版社，1988.

[43] 钱理群. 周作人传 [M]. 北京：北京十月文艺出版社. 1990.

[44] 姚可崑. 我与冯至 [M]. 南宁：广西教育出版社，1991.

[45] 周棉. 冯至传 [M]. 南京：江苏文艺出版社，1993.

[46] 西南联大北京校友会编. 国立西南联合大学校史——1937至1946年的北大、清华、南开 [M]. 北京：北京大学出版社，1996.

[47] 钱理群，温儒敏，吴福辉. 中国现代文学三十年 [M]. 北京：北京大学出版社，1998.

[48] 解志熙. 生的执著 [M]. 北京：人民文学出版社，1999.

[49] 冯至. 冯至全集 [M]. 石家庄：河北教育出版社，1999.

[50] 冯姚平. 冯至与他的世界 [M]. 石家庄：河北教育出版社，2001.

[51] 黄键. 京派文学批评研究 [M]. 上海：上海三联书店，2002.

[52] 蓝棣之. 现代诗的情感与形式 [M]. 北京：人民文学出版社，2002.

[53] 周作人著；止庵校订. 周作人自编文集 [M]. 石家庄：

河北教育出版社．2002．

[54] 梁宗岱．梁宗岱文集 [M]．北京：中央编译出版社，2003．

[55] 陆耀东．冯至传 [M]．北京：十月文艺出版社，2003．

[56] 杨义．京派海派综论（图志本）[M]．北京：中国社会科学出版社，2003．

[57] 余斌．西南联大·昆明记忆：文人与文坛 [M]．昆明：云南民族出版社，2003．

[58] 钱念孙．朱光潜——出世的精神与入世的事业 [M]．北京：文津出版社，2004．

[59]〔德〕卡尔·雅斯贝尔斯．大哲学家 [M]．北京：社会科学文献出版社，2005．

[60] 张辉．冯至——未完成的自我 [M]．北京：文津出版社，2005．

[61]〔德〕歌德．歌德文集 [M]．北京：人民文学出版社，1999．

[62] 吴宓．吴宓日记 [M]．北京：三联书店，1998．

[63] 宗白华．美学散步 [M]．上海：上海人民出版社，2005．

[64]〔德〕雅斯贝尔斯．悲剧的超越 [M]．北京：工人出版社，1988．

[65]〔德〕汉斯·萨尼尔．雅斯贝尔斯 [M]．北京：三联书店，1988．

[66]〔德〕维尔纳·叔斯勒. 雅斯贝尔斯 [M]. 北京：中国人民大学出版社，2008.

[67]〔俄〕巴赫金. 巴赫金全集 [M]. 石家庄：河北教育出版社，1998.

[68] 余英时. 中国思想传统的现代诠释 [M]. 南京：江苏人民出版社，2006.

[69]〔奥〕里尔克. 给一个青年诗人的十封信 [M]. 北京：三联书店，1994.

[70]〔联邦德国〕汉斯·埃贡·霍尔特胡森. 里尔克 [M]. 北京：三联书店，1988.

[71]〔德〕吕迪格尔·萨弗兰斯基. 海德格尔传 [M]. 北京：商务印书馆，1999：177.

[72] 李振声. 梁宗岱批评文集 [M]. 珠海：珠海出版社，1998.

[73] 季羡林. 留德十年 [M]. 北京：东方出版社，1992.

[74] 王奇生. 留学与救国——抗战时期海外学人群像 [M]. 桂林：广西师范大学出版社，1995.

[75] 萧超然等. 北京大学校史（增订本）（1898—1949）[M]. 北京：北京大学出版社，1988.

[76] 萧超然等. 北京大学校史（1919—1949）[M]. 上海：上海教育出版社，1981.

[77]〔美〕墨子刻. 摆脱困境——新儒学与中国政治文化的演进 [M]. 南京：江苏人民出版社，1996.

[78] 叶秀山，王树人. 西方哲学史（学术版）[M]. 南京：凤凰出版社，2004.

[79] 乐黛云. 北美中国古典文学研究名家十年文选 [M]. 南京：江苏人民出版社，1996.

[80]〔美〕郝大维，安乐哲. 汉哲学思维的文化探源 [M]. 南京：江苏人民出版社，1999.

[81] 郑敏. 诗歌与哲学是近邻：结构——解构诗论 [M]. 北京：北京大学出版社，1998.

[82] 陈伯良. 穆旦传 [M]. 北京：世界知识出版社，2006.

[83] 林元. 碎布集 [M]. 北京：文化艺术出版社，1991.

[84] 朱光潜. 朱光潜全集 [M]. 合肥：安徽教育出版社，1996.

[85] 冯姚平. 给我狭窄的心，一个大的宇宙：冯至画传 [M]. 南昌：百花洲文艺出版社，2015.

[86] 冯至. 冯至学术论著自选集 [M]. 北京：北京师范学院出版社，1992.

[87] 方华文. 20世纪中国翻译史 [M]. 西安：西北大学出版社，2005.

[88] 齐家莹. 清华人文学科年谱 [M]. 北京：清华大学出版社，1999.

[89] 张祥龙. 贺麟传略 [M]. 太原：山西人民出版社，1982.

[90] 鲁迅. 鲁迅全集 [M]. 北京：人民文学出版社，1981.

[91] 晏阳初. 晏阳初全集 [M]. 天津：天津教育出版社，2013.

[92] 司马长风. 中国新文学史 [M]. 香港：昭明出版社，1975.

[93] 张毅. 宋代文学思想史 [M]. 北京：中华书局，2016.

[94] 陈洪捷. 德国古典大学观及其对中国大学的影响 [M]. 北京：北京大学出版社，2006.

[95] 马亮宽. 傅斯年教育思想研究 [M]. 沈阳：辽宁教育出版社，1997.

后 记

十五年前，我偶然读到陆耀东先生的《冯至传》（十月文艺出版社，2003），深深地被冯至先生所吸引。在湖南师范大学读研究生时，我以《冯至与京派》为题进行硕士论文写作，做了一些小范围研究，得到了导师认可。2014年，以《冯至与梁宗岱研究》（14C0839）为题申报了湖南省教育厅科学研究项目，部分研究成果公开发表，顺利结题。去年冬天，在风景秀丽的河洑山，我开始了《1921—1949冯至的人文世界》的写作，这一切都是兴趣使然。

由于篇幅所限，在本专著中，很多东西，我没有深入进行分析，比如蔡元培与周作人的关系，这种关系应该给冯至带来过一定影响。鲁迅与冯至随笔或者杂文风格的异同，其实也是一篇大文章，湖南师范大学博导肖百容先生几年前就鼓励我在这方面多下点功夫，可惜我一直没砥志研思。

对于西方现代哲学对冯至人文世界形成的影响，在这里也不是面面俱到地进行表述，如叔本华、尼采就少有提及，而恰恰在冯至的时代，叔本华影响了一批人，因为"在叔本华看来，人生就处于欲及其不能满足的痛苦之中。而求痛苦解脱之道，其一，就是美术。这里所说的'美术'是广义的，既包括艺术中的绘画、雕塑、音乐等，也包括文艺中的诗、词、曲和小说等"①。这和蔡元培当时"以美育代宗教说"是相通的。文中谈了蔡元培，也就少了叔本华。有人说，尼采的生命哲学是积极的，富有艺术性的哲学。1907年，鲁迅在其发表的《文化偏至论》和《摩罗诗力说》等文章中，就表扬过尼采的个性独立、反对偶像崇拜和蔑视传统的大无畏的批判精神，称赞尼采为"博大渊邃、勇猛坚贞，纵连时人不惧"之人；又称赞其为"个人主义雄杰"②。冯至与尼采的思想是有碰撞的，但尼采对中年以后的冯至影响不多，故没谈及。

　　伽达默尔曾经以冯至所欣赏的荷尔德林的诗为例解释"诗的陈述"。我对冯至人文世界的理解，参与了一种当前的意义。按照伽达默尔的观点，"解释是潜在地包含在理解过程中。解释只是使理解得到明显的证明。解释不是借以引出理解的一种手段，相反，解释而是进入被理解的内容之中。"③自我感觉，在本书中，我力所能及地综合已有的阶段性研究成果，超越分门别类的研究思维，借鉴相关学科的观点和方法，

---

① 叶秀山，王树人. 西方哲学史（学术版）第一卷 [M]. 南京：江苏人民出版社，2004：399.

② 鲁迅. 鲁迅全集第八卷 [M]. 北京：人民文学出版社，2005：31

③ 洪汉鼎. 理解的真理：解读伽达默尔《真理与方法》[M]. 山东人民出版社，2001：294.

后 记

十五年前，我偶然读到陆耀东先生的《冯至传》（十月文艺出版社，2003），深深地被冯至先生所吸引。在湖南师范大学读研究生时，我以《冯至与京派》为题进行硕士论文写作，做了一些小范围研究，得到了导师认可。2014年，以《冯至与梁宗岱研究》（14C0839）为题申报了湖南省教育厅科学研究项目，部分研究成果公开发表，顺利结题。去年冬天，在风景秀丽的河洑山，我开始了《1921—1949冯至的人文世界》的写作，这一切都是兴趣使然。

由于篇幅所限，在本专著中，很多东西，我没有深入进行分析，比如蔡元培与周作人的关系，这种关系应该给冯至带来过一定影响。鲁迅与冯至随笔或者杂文风格的异同，其实也是一篇大文章，湖南师范大学博导肖百容先生几年前就鼓励我在这方面多下点功夫，可惜我一直没砥志研思。

对于西方现代哲学对冯至人文世界形成的影响，在这里也不是面面俱到地进行表述，如叔本华、尼采就少有提及，而恰恰在冯至的时代，叔本华影响了一批人，因为"在叔本华看来，人生就处于欲及其不能满足的痛苦之中。而求痛苦解脱之道，其一，就是美术。这里所说的'美术'是广义的，既包括艺术中的绘画、雕塑、音乐等，也包括文艺中的诗、词、曲和小说等"[1]。这和蔡元培当时"以美育代宗教说"是相通的。文中谈了蔡元培，也就少了叔本华。有人说，尼采的生命哲学是积极的，富有艺术性的哲学。1907年，鲁迅在其发表的《文化偏至论》和《摩罗诗力说》等文章中，就表扬过尼采的个性独立、反对偶像崇拜和蔑视传统的大无畏的批判精神，称赞尼采为"博大渊邃、勇猛坚贞，纵连时人不惧"之人；又称赞其为"个人主义雄杰"[2]。冯至与尼采的思想是有碰撞的，但尼采对中年以后的冯至影响不多，故没谈及。

  伽达默尔曾经以冯至所欣赏的荷尔德林的诗为例解释"诗的陈述"。我对冯至人文世界的理解，参与了一种当前的意义。按照伽达默尔的观点，"解释是潜在地包含在理解过程中。解释只是使理解得到明显的证明。解释不是借以引出理解的一种手段，相反，解释而是进入被理解的内容之中。"[3]自我感觉，在本书中，我力所能及地综合已有的阶段性研究成果，超越分门别类的研究思维，借鉴相关学科的观点和方法，

---

[1] 叶秀山，王树人. 西方哲学史（学术版）第一卷[M]. 南京：江苏人民出版社，2004：399.

[2] 鲁迅. 鲁迅全集第八卷[M]. 北京：人民文学出版社，2005：31.

[3] 洪汉鼎. 理解的真理：解读伽达默尔《真理与方法》[M]. 山东人民出版社，2001：294.

结合现象学、社会学、哲学等学科理论演绎与建构了冯至作品相关理论。

感谢我的妻子、儿子的支持与理解，为我的创作提供了一个良好的写作环境。期待广大同人通过阅读这本专著，从内心获得快乐。

2019 年 7 月 25 日